幽夢影

②夢懷心齋

張潮 原著

曾珮琦 編註

好讀出版

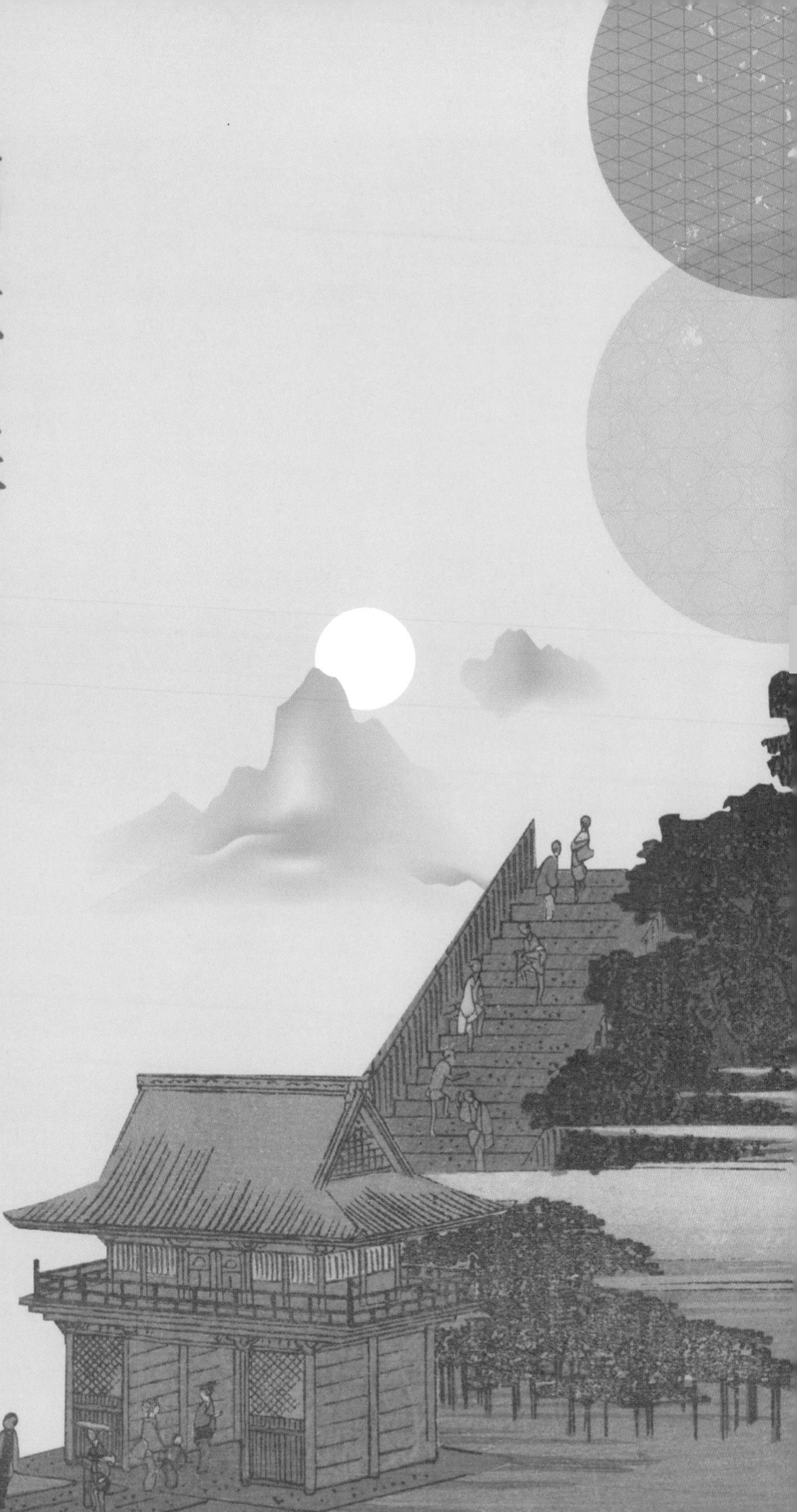

目次

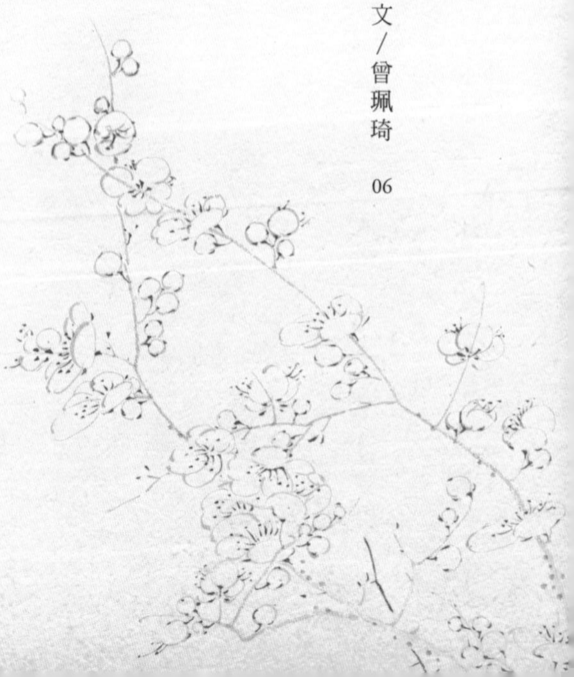

·以下爲主題式閱讀，數字爲篇名編號（便於從頁眉查找），非頁碼

讀寫人生

69著得一部新書／70延名師訓子弟／71積畫以成字／73大家之文／77雖不善書／83月下聽禪／84有地上之山水／86少春雨宜讀書／87詩文之體／88抄寫之筆墨／90史官所紀者／91先天八卦／92藏書不難／95有工夫讀書／96人莫樂於閒／97文章是案頭之山水／98平上去入／99《水滸傳》是一部怒書／100讀書最樂／101發前人未發之論／110文章是有字句之錦繡／111予嘗集諸法帖字爲詩／113種花須見其開／114惠施多方／118凡事不宜刻／121不獨誦其詩／122無益之施捨／124創新菴不若修古廟／125字與畫同出一原／127酒可以當茶／130多情者必好色／131梅令人高／132物之能感人者／133妻子頗足累人／134涉獵雖曰無用／140許氏《說文》分部

沒有遺憾沒有傷害

71積畫以成字／93求知己於朋友易／103風流自賞／104萬事可忘／108我不知我之生前／109我又不知在隆、萬時／111予嘗集諸法帖字爲詩／112花不可見其落／113種花須見其開／114惠施多方／120文名可以當科第／123妾美不如妻賢／128胸中小不平

今日最中肯

68凡花色之嬌媚者／69著得一部新書／72雲映日而成霞／74由戒得定／75南北東西／76予嘗謂二氏不可廢／79梅邊之石宜古／80律己宜帶秋氣／84有地上之山水／85一日之計種蕉／89人非聖賢／90史官所紀者／91先天八卦／92藏書不難／93求知己於朋友易／94何謂善人／95有工夫讀書／96人莫樂於閒／97文章是案頭之山水／99《水滸傳》是一部怒書／110文章是有字句之錦繡／115以松花爲糧／116玩月知法／117孩提之童／119酒可好不可罵座／120文名可以當科第／121不獨誦其詩／123妾美不如妻賢／125字與畫同出一原／127酒可以當茶／131梅令人高／134涉獵雖曰無用／139五色有太過

天生愛美

68凡花色之嬌媚者／73大家之文／77雖不善書／78方外不必戒酒／79梅邊之石宜古／82松下聽琴／83月下聽禪／84有地上之山水／88抄寫之筆墨／89人非聖賢／97文章是案頭之山水／101發前人未發之論／102一介之士／104萬事可忘／106宜於耳復宜於目者／107看曉妝／108我不知我之生前／109我又不知在隆、萬時／112花不可見其落／113種花須見其開／114惠施多方／117孩提之童／131梅令人高／132物之能感人者／135所謂美人者／137有山林隱逸之樂而不知享者／138黎舉云／139五色有太過

做人好難

68凡花色之嬌媚者／74由戒得定／80律己宜帶秋氣／89人非聖賢／92藏書不難／94何謂善人／95有工夫讀書／102一介之士／103風流自賞／104萬事可忘／105芰荷可食／118凡事不宜刻／119酒可好不可罵座／120文名可以當科第／122無益之施捨／124創新菴不若修古廟／128胸中小不平／129不得已而諛之者／134涉獵雖曰無用／136蠅集人面／137有山林隱逸之樂而不知享者／139五色有太過

自自然然

68凡花色之嬌媚者／72雲映日而成霞／79梅邊之石宜古／80律己宜帶秋氣／82松下聽琴／83月下聽禪／84有地上之山水／85一日之計種蕉／86春雨宜讀書／87詩文之體／88抄寫之筆墨／97文章是案頭之山水／103風流自賞／105芰荷可食／112花不可見其落／113種花須見其開／115以松花爲糧／116玩月知法／126忙人園亭／127酒可以當茶／131梅令人高／132物之能感人者／133妻子頗足累人／135所謂美人者／137有山林隱逸之樂而不知享者／138黎舉云

友我友你

72雲映日而成霞／78方外不必戒酒／80律己宜帶秋氣／83月下聽禪／86春雨宜讀書／93求知己於朋友易／95有工夫讀書／96人莫樂於閒／101發前人未發之論／102一介之士／108我不知我之生前／109我又不知在隆、萬時／114惠施多方／118凡事不宜刻／121不獨誦其詩／122無益之施捨／133妻子頗足累人／135所謂美人者

人家只是眞性情

69著得一部新書／70延名師訓子弟／71積畫以成字／73大家之文／77雖不善書／81厭催租之敗意／86春雨宜讀書／87詩文之體／88抄寫之筆墨／98平上去入／99《水滸傳》是一部怒書／100讀書最樂／102一介之士／103風流自賞／104萬事可忘／106宜於耳復宜於目者／107看曉妝／109我又不知在隆、萬時／112花不可見其落／113種花須見其開／118凡事不宜刻／120文名可以當科第／122無益之施捨／123妾美不如妻賢／124創新菴不若修古廟／126忙人園亭／127酒可以當茶／128胸中小不平／129不得已而諛之者／130多情者必好色／132物之能感人者／133妻子頗足累人／135所謂美人者／136蠅集人面／137有山林隱逸之樂而不知享者／138黎舉云／139五色有太過／140許氏《說文》分部

耳際效應

82松下聽琴／83月下聽禪／95有工夫讀書／98平上去入／106宜於耳復宜於目者／115以松花爲糧／117孩提之童／129不得已而諛之者／132物之能感人者

人生如夢幻泡影，潮起潮落，張潮懂

文／曾珮琦

現代人生活忙碌，往往一覺醒來，大人趕著上班，孩子們趕著上學，一家人可能連吃一頓早飯都很難說上幾句話，然後就各奔天涯，去展開自己忙碌的一天。我們已經很久沒有好好抬頭看看天際的彩雲，很久沒有豎耳聆聽樹梢上的蟲鳴鳥叫……忙碌的生活讓我們在很大程度上麻痺了感官，忽略了周遭美好的事物。現在，邀請您，放下手頭上的事情，放鬆心情，隨著我「偷得浮生半日閒」地一起來品味由清代張潮所作的語錄體小品文——《幽夢影》。

「幽、夢、影」三字何意？

從書名就可以看出寄託在背後的涵義，作者是以一種審美的態度來品味人生。「幽夢」，是人心中所深藏的、隱微的夢境，這個夢可以反映現實的人生體驗，也可以是超離於現實之外、內心眞實世界的反射，是作者在欣賞大自然的同時，又慮及了諸多人生體會，而譜出的一簾幽夢。而「夢影」，是作者將心中的思想哲理與審美意趣，寄託在短小精湛的語言文字上，這些文字如影子一般轉瞬即逝，卻又在我們心中留下了美好的回憶。正如江之蘭的跋語所說：「心齋之《幽夢影》，非病也，非夢也，影也。影者惟何？石火之一敲，電光之一瞥也。」心齋，是張潮的名號，古人習慣以名號稱呼人；《幽夢影》並非身染重病之人所作的那種超脫現實之夢，而是反映現實、寄託人生的眞實之夢。「影」，如同電光石火，轉瞬即逝，卻又有如當頭棒喝，點醒了沉溺在紅塵俗世之中、每日爲了追名逐利的世人那顆淪陷而難以自拔的心。

張潮是什麼樣的文人？

張潮生於西元一六五〇年（清順治七年），卒於一七〇七年，字山來，別字心齋，號仲子，自稱三在道人，祖籍是安徽省徽州府歙縣（今安徽省新安縣，歙在此讀作「社」）。父親張習孔是順治己丑年（一六五〇年）進士，歷任刑部郎中，曾在山東任職，爲官清廉，頗有政績。晚年搬到揚州後，興建詒清堂，在自家從事藏書、著書、刻書等活動。張潮出生的時間正好是張習孔出仕之時，所以家境還算不錯，幼年時期過得頗爲優渥。

張潮是書香世家子弟，家中還有三個兄弟，他排行第二。受父親影響，從小便立定志向要參加科舉考試求取功名，且頗有文才，喜歡讀書，博通經史，可惜天不從人願，始終沒能考上，後補官，僅擔任過翰林院孔目（掌管書籍進出貯存與文書簿籍之事）

這樣的小官職。從十四歲到廿五歲這十二年間，他歷盡坎坷，命途多舛，他曾在〈八股詩自序〉中說：「遙記自乙卯溯於甲辰，積有十二載。……又況此十二年苦辛坎坷，境遇多違，壯志雄心，消磨殆盡。」康熙十三年（一六七四年），張潮廿四歲，遭逢家難，家中藏書都沒有了，他在《因樹屋書影》的批語中說：「予少時獲睹《書影》，甲寅之變，書皆不存。」他原本科舉考試就不如意，又遭遇這樣的家變，於是轉向著書、編書、刻書之路。放棄通過科舉晉身仕途的張潮，只能轉而著書立說，以此博得文壇聲名來自我安慰。他繼承了父親的詒清堂，把家刻改爲坊刻，成爲清初徽州府最大的坊刻家之一。這個時期的張潮，生活過得還算不錯，時常宴請賓客，著作繁多，在文壇也頗負盛名。

張潮醉心於讀書，所著詩文往往蘊含哲理、反映時事，還時常走訪山林與詩酒爲伴，交遊廣闊，算是過了一段生活無憂的日子。除了瀟灑恣意的生活書寫之外，張潮也曾因見到民生疾苦，而寫作詩歌以反映現實生活——康熙廿四年（一六八五年）江淮發生洪澇慘禍時，他見到了百姓爲水患所苦，因而寫下〈苦雨行〉一詩，詩中描寫因久雨而造成洪水潰堤的慘禍，詩中表達出對滿清政府施政不當與天災降臨的悲憤。十四年後，張潮的人生又遭遇了重大變故，一六九九年夏，五十歲的他因一樁政治案件被告發入獄，不久被釋放。這件事使他的生活陷入了困境，他曾在寫給友人的信中提到：「弟自前歲誤墮坑阱中，先人所遺盡為烏有，因自號為『三在道人』。」因爲這次的入獄，他只剩下田宅，其他的產業都沒有了。三在的含意是，田還在，屋還在，身還在——意指雖然生活困窘，但至少住的地方和吃的東西還是有的。此外，他晚年也開始常爲病痛所苦，又加上生活貧困，日子過得並不如意。

能寫能編，是企畫能力極強的編寫者

前面提過，張潮因科舉不第轉而著書立說，致力於小品文學的編輯、蒐羅與創作，他的著作非常多，其中以《幽夢影》受到當時文壇關注並且流傳至今；其餘作品則有《虞初新志》、《昭代叢書》、《檀几叢書》、《花影詞》、《心齋聊復集》、《書本草》、《奚囊寸錦》、《飲中八仙令》、《張山來詩集》等等，但不全都是他的創作，有些故事是他蒐羅而來、加以編輯成書，並刻印發行的。例如：《虞初新志》，這是部清初短篇文言小說集，由張潮編輯成書，模仿漢代小說家虞初的《虞初志》而編纂體例，故稱「新志」。《昭代叢書》則收錄一些雜著文章，可能擷取了其中一部分的原文，另取一個篇名，將其改頭換面，文學價值並不高。《檀几叢書》收錄了經史子集、傳、禮節、家門訓戒、土物瑣屑一類的雜文小品，什麼人都適合閱讀。

張潮的作品除了《幽夢影》外，其餘並未受到文學界的重視，因此在中國文學史上很難見到有關他著作的介紹；因其著作繁多，以下僅挑選幾本較爲有趣的予以介紹——

《書本草》，這是第一本以閱讀作爲治療處方的書籍，模仿中國傳統藥草典籍的體例撰寫小品文，以揭示中藥藥性的方法來分析中國典籍的藥性、療效及副作用，可以作為閱讀的參考借鑑，讀之引人莞爾一笑。這裡擷取一篇以作說明：

處方四：「諸子」

藥性：性寒、帶燥，味有甘者、辛者、淡者。

副作用：有大毒，服之令人狂易。

這裡的「諸子」，當指諸子百家的著作，諸如：《管子》、《老子》、《孔子》、《莊子》、《墨子》、《孟子》、《荀子》等書，這些都是先秦時代儒家、道家與法家的代表作，闡述人生哲理與待人處世的方法。至於為何張潮說這些著作讀了之後的副作用會使人發狂輕慢，就有待讀者自行去體會了。

《奚囊寸錦》是在各種圖文中嵌入文字，這些文字都是韻文，體裁包含詩、文、詞、曲、騷、賦等等，讀的人需要有文學功底，沒有一定的讀法，讀來頗有趣味。

《飲中八仙令》是記載和介紹各種酒令的書籍，古代人聚會喝酒喜歡行酒令，形成了一種酒令文化，通常是輪流做詩詞或猜謎、猜拳等等，種類繁多。

《張山來詩集》，是張潮所作的詩集，共有兩個特色，其一，以多首詩闡述同一個主題；其二，藏題於詩中或在詩中解釋題目。

《聯莊》與《聯騷》：以《莊子》與屈原《楚辭》的原文作為底本，拆解其中的文句，成為具有新意的文章，相當別出心裁。

《七療》：張潮化身蕪園主人、與客人對話的文章。模仿屈原所寫《楚辭》其中一篇〈漁父〉的形式，藉由主客問答，引發內心的感嘆。

《貧卦》：以《周易》原典為依據，對「貧困」做了一番解釋，帶有苦中作樂、用以自嘲的意味。

《花鳥春秋》：張潮寫生活的情趣，是對四季景物等進行觀察描寫的文章。

以上所述的《書本草》、《聯莊》、《聯騷》、《七療》、《花鳥春秋》等十多種雜著，均收錄在《檀几叢書》裡。張潮的著作還有很多，種類繁多，此處就略過不提。

張潮所往來的文人，以及《幽夢影》重要評點家介紹

張潮也曾有過一段衣食無憂的生活，他交遊廣闊，時常宴請文人雅士到家裡飲酒聚會，因此在文壇頗享名氣。當時與他往來的文人不在少數，其中有許多人替他的《幽夢影》撰寫了評點，這裡列舉幾位比較著名的評點家予以介紹——

張竹坡，生於一六七〇年（比張潮小廿歲），卒於一六九八年，名道深，字自德，號竹坡，銅山（今江蘇省徐州縣）人。屢次科舉不第，為了謀生來到揚州，而結識了張潮，兩人頗有同病相憐之感嘆，遂結為好友，甚且結拜為叔姪，互贈著述。他曾替《幽夢影》寫下了八十三則評語，著名之作是評點《金瓶梅》，張潮化名為謝頤為其作序，可見兩人交情匪淺。張竹坡最後病逝，得年二十九歲。

孔尚任，生於一六四八年（比張潮大兩歲），卒於一七一八年，字聘之，又字季重，號東塘，又號岸堂，一號雲亭山人，山東省曲阜縣人。曾擔任國子監博士、戶部主事與員外郎等職務。提起孔尚任，大家對他的印象就是膾炙人口的戲曲《桃花扇》，他精通音律、書畫、考據，十分博學。他也喜歡交朋友，與張潮常有書信往來，也替《幽夢影》撰寫評語。

尤侗（侗讀作「同」），生於一六一八年（比張潮年長卅二歲），卒於一七〇四年，字同人，更字展成，號悔庵，晚號艮齋（艮讀作「跟」的二聲或三聲），又號西堂老人，江南蘇州府長洲縣（今江蘇省蘇州市）人，擅長寫作詩文。他和張潮從未謀面，卻一直有書信往來，兩人互相欣賞。他在《幽夢影》留下的評語也不在少數。

余懷，生於一六一六年（比張潮年長卅四歲），卒於一六九六年。字澹心，一字無懷，號曼翁、廣霞，又號壺山外史、寒鐵道人，自號鬘持老人（鬘讀作「蠻」），福建莆田黃石人。家裡很富有，沒有參加過科舉考試。他曾替《幽夢影》作序，文中對此書十分讚揚，足見兩人惺惺相惜之情溢於言表。

江之蘭，字含徵，號文房，又號雪香齋。清代安徽歙縣人，生卒年不詳。清初醫者，有關他的生平記載很少，曾著有《醫津筏》與《內經釋要》各一卷，《文房約》亦爲其作品，他還替《幽夢影》作了跋語。

《幽夢影》成書的思想背景

要了解一本書的思想內容，首先必須要先了解它的時代背景，因爲一本書不可能是憑空出現的，它的作者無可避免地受到了當代思潮的影響，所以我們得了解當時的社會與思想背景，才能了解《幽夢影》的思想內容。張潮是清朝人，但是他的文風與思想繼承了晚明與清代的思想潮流，所展現出來的文學風格自然也與這樣的時代背景有關。明代宋明理學盛行，科舉考試規定要寫作八股文，以箝制知識份子的思想，朝廷明令禁止讀書人關心時政，而朱元璋則制定了文字獄，使得當時文人動輒得咎，爲避免惹禍上身，寫字行文都很小心。到了晚明，君主昏庸無能，宦官把持朝政，知識份子對朝政更爲失望，遂轉而研究程朱理學，造成了「平時袖手談心性，臨難一死報君王」的普遍現象，晚明知識份子面對外族入侵，沒有辦法與之抗衡，就只能以身殉國了。到了清代，滿清入關統治，採取高壓與懷柔政策，文字獄更加嚴苛殘酷，導致文人更加不敢暢所欲言，紛紛轉向考據學上去鑽研。

中國的知識份子一向秉持「學而優則仕」的觀念，認爲十年寒窗苦讀就是爲了參加科舉考試，希望有朝一日能夠入朝爲官，實現自己經世濟民的理想抱負。當這條路行不通時，有些人就採取避世的態度，崇尚老莊思想，以求在亂世之中能夠全身保命。在此時，逃避現實、追求自我安逸的文學作品於焉誕生。明清時代，語錄體的小品文盛行，這類作品又被稱爲「清言」，源頭可以追溯自先秦時代的《老子》、《論語》。小品文之作在明清時代如雨後春筍般先後出現，如洪自誠的《菜根譚》、陳繼儒的《太平清話》等等，作者大多都是有智慧的文人，他們將自己的人生體悟表現在文學創作上。這類清言小品文的特色是，語言簡潔，多以論述人生體悟、生活情趣等爲主體，也包含了對生命與自然環境的反思。《幽夢影》就是在明末清初清言小品盛行的風氣下，張潮大概從卅歲開始書寫，寫到年約四十五歲左右已大致完備的一部作品，既繼承了前人創作的模式，又有自己的創新，帶給後人無限的啓發；他的思想獨特，擅長將日常生活中的人生體悟轉化爲語言文字，爲讀者帶來了一種清新雋永的美感體驗。

《幽夢影》內容與藝術成就

《幽夢影》一書，是張潮擷取生活種種體驗的片段，加上個人的心得與領悟所分享給讀者的；因此，無論是品花賞月、遊玩山水園林、彈琴飲酒、劍術棋藝、交友之道等風雅趣事，均包含了張潮的讀書心得與待人處世的反思等等，內容非常廣博，在感性之中又蘊含哲理，帶領人們賞花觀景的同時，又有人生哲理的體悟，這樣的隨筆書寫在《幽夢影》中俯拾即是——「文章是案頭之山水，山水是地上之文章。」（第九十七則）文章，有各種創作體裁，這些體裁是文學的表現形式，就如同山水河川各有千秋是大地不同風貌的展現，張潮以山水風貌來比喻文學體裁可謂十分傳神。除此之外，也意味著，文學藉由語言文字可傳神地描寫山水風貌，使讀者一翻開書卷就能領略到自然山川之美；而自然的山水美景則跳脫了語言文字之外，以另一種方式表現出自然造化創造天地美景的鬼斧神工。如此將人文創作的文學作品與自然山川巧妙結合在一起，的確可以看出張潮創新的思想筆觸。

《幽夢影》一書也給予了讀者廣大的想像空間，可以鍛鍊我們的創造力與聯想力——「因雪想高士；因花想美人；因酒想俠客；因月想好友；因山水想得意詩文。」（第四十則）。看到白雪，就想到高人隱士，以白雪的玉潔冰清來比喻隱士崇高無瑕的節操；看到花，就想到如花一樣綻放的美人；看到酒，就想到豪放不羈的俠客；看到月亮，就想到與好友一同邀月賞景的快樂時光；看到山水，就想到許多描寫山川景物的詩歌文章。除了聯想之外，還帶給了讀者諸多美感體驗的描寫，如美人、山水等等都是。

張潮擅長使用摹寫、譬喻、借代、映襯等修辭技巧，讓文字書寫更顯生動活潑——「莊周夢為蝴蝶，莊周之幸也；蝴蝶夢為莊周，蝴蝶之不幸也。」（第廿一則）這裡便是運用了對偶的修辭技巧，前後兩句形式上整齊對稱，所論述的內容相互映襯，以「莊周之幸」映襯出「蝴蝶之不幸」，前者能夠脫離生命的枷鎖，說是莊周的幸運；而後者蝴蝶從原本逍遙自在的心靈狀態，進入到生命枷鎖的桎梏，所以說是不幸，兩相對照形成一種更強烈的對比，能夠給讀者更深刻的印象。

本書的撰寫秉持著「前修未密，後出轉精」的原則，在前人研究的基礎上，我試圖更深刻地將《幽夢影》的思想內容揭露出來，以求了解作者的原意。在版本的選擇上，則採用馮保善註譯、黃志民校閱的《新譯幽夢影（二版）》（台北：三民書局出版）與尤君若評註的《幽夢影》（北京：中華書局出版），這兩個版本雖然都是近人校註的版本，但校註者都以善本書為底本校勘過，在版本內容上堪稱可信。馮保善先生的註譯，是依據《昭代叢書》本作為底本；尤君若先生的評註，是依據道光世楷堂《昭代叢書》本作為底本，並參考近年出現的幾種整理版本而成。

參考書目

■古籍註疏

張潮撰，尤君若評註，《幽夢影》（北京：中華書局，二〇一八年九月）

郭慶藩，《莊子集釋》（台北：天工出版社，一九八九年）

馮保善註譯，《新譯幽夢影》（台北：三民書局，二〇一六年六月）

樓宇烈，《王弼集校釋・老子指略》（台北：華正書局，一九九二年十二月）

■近人專著

王邦雄，《莊子內七篇・外秋水・雜天下的現代解讀》（台北：遠流，二〇一三年五月）

王邦雄，《老子道德經的現代解讀》（台北：遠流，二〇一〇年二月）

王邦雄等著，《中國哲學史》（台北：里仁書局，二〇〇六年九月）

牟宗三，《中國哲學十九講》（台北：台灣學生書局，一九九九年九月）

朱良志，《中國美學十五講》（北京：北京大學出版社，二〇〇六年）

竺家寧，《聲韻學》（台北：五南圖書出版股份有限公司，二〇〇二年十月）

林尹編著，《訓詁學概要》（台北：正中書局，一九七二年）

林尹編著，《文字學概說》（台北：正中書局，二〇〇二年七月）

馬積高、黃鈞主編《中國古代文學史1—4冊》（台北：萬卷樓圖書股份有限公司，二〇〇三年）

高旖璐，《張潮與《幽夢影》》（台北：萬卷樓圖書股份有限公司，二〇〇四年一月）

■電子工具書

教育部重編國語辭典修訂本 http://dict.revised.moe.edu.tw/cbdic/

教育部異體字字典 https://dict.variants.moe.edu.tw/variants/rbt/home.do

《漢語大辭典》（光碟版）

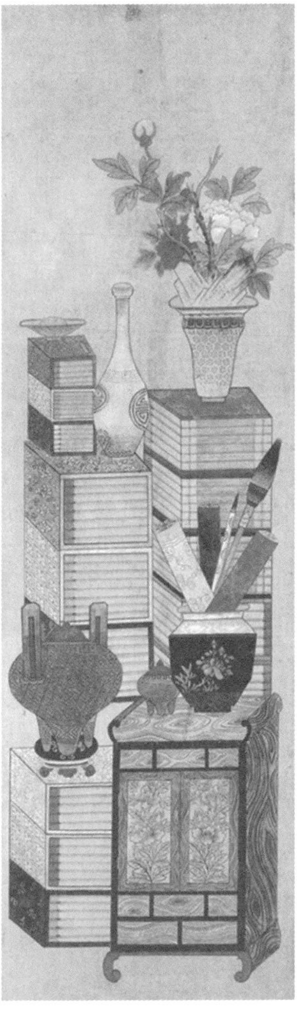

余懷序

余窮經讀史之餘，好覽稗官小說[1]。自唐以來，不下數百種。不但可以備考遺忘，亦可以增長意識。如遊名山大川者，必探斷崖絕壑；玩喬松古柏者，必采秀草幽花。使耳目一新，襟情怡宕[2]。此非頭巾褦襶[3]章句腐儒之所知也。故余於詠詩撰文之暇，筆錄古軼事、今新聞。自少至老，襍[4]著數十種。如《說史》、《說詩》、《黨鑑》、《盈鑑》、《東山談苑》[5]、《汗青餘語》、《硯林》[6]、《不妄語述》、《茶史補》[7]、《四蓮花齋襍錄》、《曼翁漫錄》、《禪林漫錄》、《讀史浮白集》、《古今書字辨訛》、《秋雪叢談》、《金陵野抄》之類[8]。雖未雕板問世，而友人借抄，幾遍東南諸郡，直可傲子雲而睨君山[9]矣。天都張仲子心齋，家積縹緗[10]，胸羅星宿[11]，筆花繚繞，墨瀋[12]淋漓。其所著述，與余旗鼓相當，爭奇門富，如孫伯符與太史子義相遇於神亭[13]，又如石崇、王愷擊碎珊瑚[14]時也。其《幽夢影》一書，尤多格言妙論，言人之所不能言，道人之所未經道。展味低徊，似餐帝漿沆瀣[15]，聽鈞天之廣樂[16]，不知此身在下方塵世矣。至如：「律己宜帶秋氣，處世宜帶春氣」、「婢可以當奴，奴不可以當婢」、「無損於世謂之善人，有害於世謂之惡人」、「尋樂境乃學仙，避苦境乃學佛」，超超元箸[17]，絕勝支、許清談[18]。人當鏤心銘腑，豈止佩韋[19]書紳而已哉。

1 稗官小說：講述街頭巷尾的雜談和市井傳奇故事的小說，即野史小說。稗（讀作「敗」）官，本指小官，後來成為野史小說的代稱。

2 襟情：蘊藏於心中的情感。怡宕：宕，讀作「盪」，瀟脫自在。

3 頭巾：此指思想迂腐。褦襶：讀作「奈戴」，指愚昧無知，不明事理。

4 襍：讀作「雜」，同今雜字，是雜的異體字。

5《東山談苑》：清代余懷撰，蒐羅古人軼事的筆記小說。

6《硯林》：清代余懷撰，現存，收錄於道光世楷堂《昭代叢書》，記載各種硯臺與其擁有者。

7《茶史補》：清代余懷撰，現存、收錄於道光世楷堂《昭代叢書》。因清朝同一時代之人劉源長曾於康熙十四年（一六七五年）作、刻印《茶史》一書，裡頭詳敘並收錄了有關茶學的內容及歷來史料。余懷亦有愛茶嗜好，曾作《茶苑》一書，可後來因看到劉源長的《茶史》，而盡刪《茶苑》中自己的記敘，僅留存古書的記載，並將書名改為《茶史補》。

8《說史》等十六本書：余懷在序文中列出了自己的十六部著述，但除了《東山談苑》、《硯林》、《茶史補》三書以外，其餘可能均已失傳，余懷在文中自言這些書並未雕版問世，故筆者推測失傳的可能性很大，內容為何也不得而知，大抵應當是些雜著之類的文章。

9 傲子雲而睨君山：子雲指的是揚雄，君山指的是桓譚。這句話的意思是說，我余懷讀過的書很多、涵蓋的範圍甚廣，認為自己的學識足可媲美西漢兩大文學家揚雄與桓譚。揚雄（西元前五三年至西元一八年），字子雲，西漢蜀郡成都（今四川成都郫都區，郫讀作「皮」）人。在文學上很有造詣，擅長辭賦（如：《蜀都賦》、《長楊賦》），對後世辭賦影響深遠。桓譚（西元前二三年至西元五六年），字君山，西漢相（今安徽省濉溪縣，濉讀作「雖」）人，頗有文才，著有《新論》一書。

10 縹緗：縹，讀作「飄」的三聲。古人多以青白色和淺黃色的絹帛，作為書衣或者收藏書本，後借指珍貴的書籍。

11 胸羅星宿：比喻胸中藏有廣博的學識，才華超群，是有遠見的智慧之人。

12 墨瀋：墨汁。

13 孫伯符與太史子義相遇於神亭：指的是孫策與太史慈在神亭（今江蘇金壇北）相遇，兩人遂比試一番，猛勇不分軒輊的故事。孫伯符（一七五年至二〇〇年），即孫策，字伯符，吳郡富春（今浙江杭州富陽）人。他是孫堅的長子、孫權的哥哥，奠定了東吳的勢力，為三國時期的東吳發展打下良好的基礎。太史子義（一六六年至二〇六年），即太史慈，字子義，青州東萊黃縣（今山東龍口）人，擅長騎馬射箭，為東漢末年孔融的客將，後投靠孫策，助其掃平江東一帶。

14 石崇、王愷擊碎珊瑚：這是王愷與石崇鬥富的故事，兩人家中都很富有，時常互相比拼。有一次，晉武帝把宮裡的一株高兩尺多的珊瑚樹賞賜給王愷，王愷高興地展示給石崇看。石崇故意把珊瑚樹打碎，接著便拿出自己家中的珊瑚樹，而且比石崇的更高更好，王愷只能自嘆不如了。石崇（二四九年至三〇〇年）：字季倫，小名齊奴。西晉時代，勃海郡南皮縣（今河北省滄州市南皮縣）人。受到晉武帝器重，擔任修武縣令、散騎侍郎和城陽太守等官職。石崇打劫商旅以致富。石崇有一伎女綠珠，美貌絕倫，孫秀向石崇討要綠珠而被拒絕，因此懷恨在心，遂勸司馬倫誅殺石崇，而導致其全家被殺害。王愷，生卒年不詳，字君夫，西晉時代的東海郡郯縣（今山東郯城）人。是司馬昭的妻弟，他的姊姊是文明皇后王元姬，是當朝外戚，身分尊貴，且性格豪放奢侈。

15 帝漿沆瀣：仙人喝的露水，比喻文章用詞精妙絕倫。沆瀣，讀作「航」的三聲十「蟹」，為夜晚的水氣，即露水，古人認為是仙人所喝的水。

16 鈞天之廣樂：天上所演奏的音樂，比喻文章非常精湛絕妙，人間少有。

17 超超元箸：形容文辭高妙，文章立論明確。典故出自南朝宋，劉義慶所撰的《世說新語・言語篇》：「我與王安豐說延陵、子房，亦超超玄箸。」這句話的意思是：「我（王衍）與王戎、季札、張良的文章，皆立論高妙。」

18 絕勝支、許清談：遠勝東晉名士支道林和許詢的清談。清談：魏晉時期的名士，從事談論玄學的活動，稱為「清談」；玄學指《老子》、《莊子》和《易經》，此三者並稱三玄。支道林和許詢都是東晉時代有名的名士，兩人皆以善談玄言揚名當世。

支道林（三一四至三六六年），名遁，字道林。東晉河南陳留人。是出家人，俗姓關。廿五歲時出家，好談玄言，常在白馬寺與劉系之、馮懷等人談論《莊子逍遙篇》，注《莊子・逍遙篇》。是般若學六大家之一，今有輯本《支遁集》。許詢，生卒年不詳，字玄度，東晉時代高陽（今河北蠡縣，蠡讀作「李」）人。好黃老（早期的道家思想），擅長寫文章，以玄言詩著名。曾與王羲之、謝安、孫綽、等人宴集會稽山陰蘭亭，眾人賦詩，輯之以為《蘭亭集序》。

19 佩韋：韋，即熟牛皮，這種皮質柔軟堅韌，個性急躁的人配戴以警惕自己不要魯莽衝動。

我在鑽研經史的閒暇，喜歡閱讀野史小說，從唐代開始至今這類小說達數百種之多，不但可以考察前人留下的紀錄，也可以增長知識。就好像，遊歷名山大川，一定要去人跡罕至的地方；賞玩松柏植物，一定要探尋罕見的花草品種，讓人耳目一新，使心情輕鬆愉悅。這不是那些食古不化、只懂得尋章摘句的迂腐文人能夠理解的。所以，我在吟詠詩文的空閒之時，抄錄古今軼事、新聞。從年輕到老年著有數十種雜著，如《說史》、《說詩》、《黨鑑》、《盈鑑》、《東山談苑》、《汗青餘語》、《硯林》、《不妄語述》、《茶史補》、《四蓮花齋襍錄》、《曼翁漫錄》、《禪林漫錄》、《讀史浮白集》、《古今書字辨訛》、《秋雪叢談》、《金陵野抄》一類。雖然沒有雕刻印刷成書廣爲發行，然而朋友之間互相借閱抄錄，幾乎遍佈東南各郡縣，簡直可以傲視揚雄與桓譚了。

黃山張眾子心齋先生，家中藏書萬卷，知識廣博，才學超群出眾，妙筆生花，墨跡淋漓。他的著述和我不相上下，我們彼此相比劃，就像孫策與太史慈在神亭相遇大戰一番，又如石崇、王愷爲了比拚財富而擊碎珊瑚。張潮的《幽夢影》一書，有很多格言妙論，道出一般人未能說出之語，講出了別人未能講述的思想內涵，值得讓人再三回味，有如喝著仙人所飲的露水，聽著天上的仙樂，而忘卻自己身在凡塵俗世之中。至於像「約束自己應當像秋天的肅殺之氣般嚴厲，待人處事應當像春風那般溫煦柔和」、「婢女可以做奴僕做的粗活，奴僕卻不能代替婢女做細活」、「對世人無害稱爲善人，對世人有害稱爲惡人」、「要追尋極樂境界就學仙道，要躲避苦難就學佛」這些言論高妙精闢，比起支道林和許詢更勝一籌。人們應當銘記於心，不只是放在案頭引以爲戒而已。

鬘持老人余懷廣霞製

江之蘭跋

抱異疾者多奇夢，夢所未到之境，夢所未見之事，以心為君主之官，邪干之①故如此。此則病也，非夢也。至若夢木撐天②，夢河無水③，則休咎應之④；夢牛尾，夢蕉鹿⑤，則得失應之。此則夢也，非病也。心齋之《幽夢影》，非病也，非夢也，影也。影者惟何？石火⑥之一敲，電光⑦之一瞥也。東坡所謂「一掉頭時生老病，一彈指頃去來今」也。昔人云「芥子具須彌」⑧，心齋則於倏忽備古今也。此因其心閒手閒，故弄墨如此之閒適也。心齋豈長於勘夢者也？然而未可向癡人說也。

寓東淘香雪齋江之蘭草

1邪干之：此指邪氣侵犯人體。邪，中醫說法是邪氣，當自然界的氣候變化太過急驟時，人體的正氣不足以抵禦，就容易產生疾病。干：觸犯。

2夢木撐天：這句話出自晉代王敦的典故。他想要謀反，晚上夢見一木撐天，請許真君解夢，許真君解道：「一木撐天為未，不可妄動。」這句話的意思是：「一棵樹支撐著天，如果輕舉妄動的話，天就會塌下來。」

3夢河無水：夢見河乾枯無水，即渴，渴與可同音，表示「可」的意思。

4休咎應之：夢境反映人的吉凶禍福。休咎，吉慶與災禍。

5夢蕉鹿：蕉鹿，指一頭鹿的身上有蕉葉覆蓋住，夢見蕉鹿，表示會失去東西。典故出自《列子·周穆王》：「鄭人有薪於野者，遇駭鹿，御而擊之，斃之。恐人見之也，遽而藏諸隍中，覆之以蕉，不勝其喜。俄而遺其所藏之處，遂以為夢焉。」這個故事大意是說：「鄭國有個樵夫在野外遇到一頭鹿，將牠擊斃，樵夫得到這頭鹿很高興，怕別人把他的鹿偷走，就用芭蕉葉蓋在牠身上，將之藏起。後來又去了藏鹿的地方，才發現鹿已經不見了，就覺得這件事是一個夢。」

6石火：石頭撞擊時所產生的火光，存在時間非常短暫，比喻極短的時間。

7電光：雷鳴閃電也是轉瞬即逝，比喻時間短促。

8芥子具須彌：一個小小的菜籽剛好容得下一整座須彌山，以此形容佛法神通廣大。

罹患疑難雜症的人常夢見奇幻詭譎之事，像是夢到從未去過的地方，夢到從來沒看過的事情。心，是主宰人生命的器官，受到邪氣侵犯，便容易有這種情形發生；這是一種疾病，並非夢境。至於夢到一棵樹支撐著天際，或者夢到河水枯竭這種反映人事吉凶禍福的夢，又如夢到牛尾、蕉鹿諸如此類應驗人事得失的夢，則是夢兆而非疾病。

至於心齋先生所寫的《幽夢影》，不是疾病，也不是夢兆，而是影子。什麼是影子？就像石頭擦撞時所產生的火花，轉瞬即逝的閃電。這也正是蘇東坡所說：「一轉頭就經歷了生老病死，一彈指的時間就包含了從古至今這麼漫長的歲月。」以前曾有人說過「一粒小菜籽就能容下一整座須彌山」，心齋先生則在一瞬間便盡收古今。這是因爲他有閒心也有空閒，才能如此閒適地舞文弄墨。是以，心齋先生怎會是長於勘查夢境的人！然而此中道理可沒法向愚癡之人說清道明。

寓東淘香雪齋江之蘭草

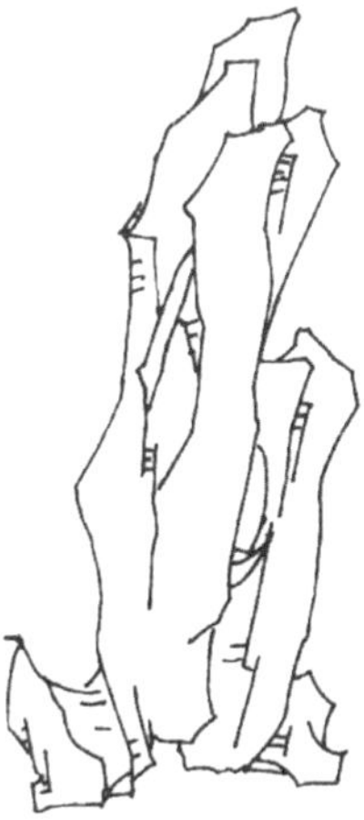

（編按：此篇跋語，若依一般成書格式，本應放在書末。然此跋對後世之人而言，亦如《幽夢影》原典般成了經典文章，故本書將序、跋兩篇文章一前一後收錄，以達呼應對照之美，以使《幽夢影》一書題旨更鮮明。）

凡花色之嬌媚者

凡花色之嬌媚者，多不甚香；瓣之千層者，多不結實[1]。甚矣，全才之難也。兼之者，其惟蓮乎。

1結實：植物或農作物成熟後，會長出果實或種子。
2貫玉：生平不詳。
3尤謹庸：本名尤珍（一六四七年至一七二一年），字謹庸，一字慧珠，號滄湄，江南長洲縣（今屬江蘇省蘇州市）人，尤侗之子。康熙廿年（一六八一年）進士，曾任翰林院庶吉士，歷任《大清會典》、《明史》、《三朝國史》纂修官。擅長寫作詩歌，著有《滄湄札記》、《滄湄詩鈔》等等。

白話翻譯

花舉凡顏色鮮豔嬌媚的，大多沒什麼香味；有多層花瓣的，大多不結果實。兼備所有優點的全才，實在太難求得了。而什麼優點都具備的，恐怕只有蓮花吧？

◆**貫玉[2]評點**：蓮花易謝，所謂有全才而無全福也。

蓮花是很容易凋謝的，可說是雖具備了全部的優點，卻無全然的福運。

◆**尤謹庸[3]評點**：全才必為人所忌，蓮花故名君子。

集所有優點於一身的人事物必定招人嫉妒，是以蓮花才會被稱作君子。

賞析

世上一切事物都是有限的，受每個人自身的獨特意識所限，人人對事物特點所抱持的經驗、想法與判斷都是相對的——優點缺點，長短，剛柔，生死，美醜等等。足見，要想尋找只有優點而無缺點的東西，在人類所能經驗到的世界中是不存在的，這也注定了所謂完美、所謂全才是不可得的。弔詭的是，正因現實世界不可能有，所以這樣的價值理想才爲我們所盼望，所追求。

以花本身來說，它生得鮮豔是爲了吸引蝴蝶、蜜蜂前來採蜜，好幫自己授粉，所以只需要鮮豔一種特性便能達此一目的，若再添濃郁香味則顯得多餘，這是一種自然現象，本不必強求。但在人的審美觀念中，花只具備嬌豔的外表是爲美中不足，若能散發濃郁香氣，那麼就是完美的花。是以，在現實生活中，彌補事物缺憾的最好方法，就是不以事物存在的缺點爲缺憾，這樣，心，才不會因爲事物無法達到我們的預期而爲之傷感。

著得一部新書

著得一部新書，便是千秋大業；注得一部古書，允[1]為萬世宏功。

1允：果真、確然之意。
2黃交三：本名黃泰來，字交三，一字竹舫，號石閭。江蘇泰州（今江蘇東臺）人，曾跟隨孔尚任到北京做過幕僚。
3張竹坡：本名張道深，其人介紹請見本書〈編者導讀〉文章。

白話翻譯

寫出一部具新意的書，可說是做了番流芳千古的大事業；將一部古書註解出來，則確然爲福澤萬世的宏偉功業。

賞析

「著書」立說，是每個讀書人的夢想與心願，苦讀有成，除了求得功名之外，無不希望揮灑胸臆中、腦袋裡獨

◆**黃交三[2]評點**：世間難事，注書第一。大要於極尋常書，要看出作者苦心。

世間困難之事，註解古書為第一難。重要的是，要能在看似平淡無奇之處，看出作者的良苦用心。

◆**張竹坡[3]評點**：注書無難，天使人得安居無累，有可以注書之時與地為難耳。

要具備註解古書的本領不難，上天要讓人安居樂業也輕而易舉，難的是，要有註解古書合適的時間與空間條件。

特的情懷才幹，爲自己來這人世走一遭留下一點足跡與成績。張潮認爲這樣的情思創作是爲「千秋大業」。

然而也有人的想法不同，他向來從古書中鑽研學問，並獲益良多，他想，如果我能「註書」，把無盡的古書寶藏往下傳承，不僅能歸納總結自己多年來的學問研究，也能造福後世志於此道的學子與文友。張潮認爲這樣的心志創作是爲「萬世宏功」。

魏晉時代的王弼，雖只活了廿四歲，但他所註解的《老子道德經》已然流傳了兩千多年，直到今日爲止，凡是研究老子學說的學者都不可能不讀王弼的《老子道德經注》，足見，一部能闡述出古書原意的註書，對於學術道統的傳承有多麼重要。

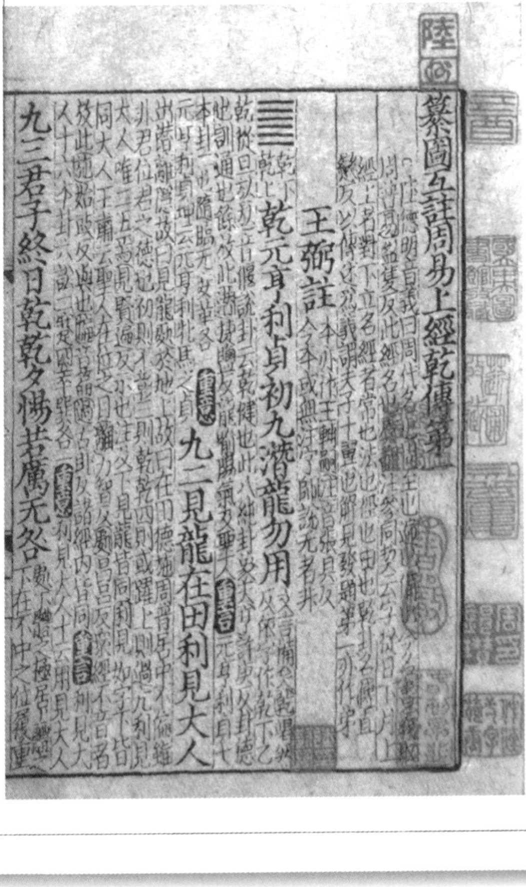
纂圖互註周易上經乾傳第一

王弼註

乾元亨利貞初九潛龍勿用

九二見龍在田利見大人

九三君子終日乾乾夕惕若厲无咎

中國古代文人難道知道，後世的我們很難讀懂以文言文寫成的書籍？感謝代代知識分子對學問的研究與註解，讓走在艱澀語境裡的我們，能爲陣陣和煦的春風所吹拂。

延名師訓子弟

延名師訓①子弟，入名山習舉業②，丐名士代捉刀③，三者都無是處。

1訓：教授、教導、訓練之意。
2舉業：準備科舉考試所需的一切學業，明清時期指的是八股文。
3丐：讀作「蓋」，乞求、請求。捉刀：典出南朝宋・劉義慶《世說新語・容止》。三國時代，曹操要接見匈奴使者，卻因自覺長得醜，而找崔季珪代為接見，自己則捉刀站在床頭假冒侍衛。後來引申為請人代筆寫文章。
4陳康疇：本名陳均，字康疇（疇讀作「愁」），清代安徽歙縣（歙在此讀作「社」）人。著有《畫眉筆談》。
5殷日戒：本名殷曙（一六二四年至？年），字日戒，號竹溪，清代安徽歙縣（歙在此讀作「社」）人。原是張潮父親張習孔的門人，後亦和張潮交情不錯。著有《竹溪雜述》等書。

白話翻譯

延請名師教導家中晚輩，前往名山複習科舉考試的學業，請名士代替自己做文章，這三件事都不值得效法。

◆**陳康疇**④**評點**：大抵名而已矣，好歹原未必著意。

大概只是徒有聲名罷了，名未必符實啊。

◆**殷日戒**⑤**評點**：況今之所謂名乎？

是啊，況且是今日所謂的聲名？

賞析

名師、名山、名士，這三者皆是爲了名利而生的愛慕虛名之舉，並非出於完善自身眞才實學的嚮往追求，所以張潮才說「一無是處」，其理由有三：

其一，延請名師教導家中晚輩，是崇尙名師的虛名。所謂的名師若只是沽名釣譽的半調子文人，只怕自家子弟遭耽誤；倘若名師確然具備眞才實學，可學問佳，不代表懂授業，自家晚輩又能從中收穫多少呢？

其二，名山有著雅致的風景，向來是文人獲取靈感的地方，可是跑到這裡學習、複習那刻板又乏新意的八股文寫作，卻是對名山勝水的最大嘲諷。況且，學習八股文是爲了應付科舉考試，而考試的目的就是希望能做官，做官不外乎是想追求名利，而名利是虛幻的東西，造訪名山這般風景秀麗之地卻爲了追求世俗的名利，簡直玷汙美景。

其三，找名士代筆捉刀，此舉無異於欺騙世人，僞造作假以博取美名，然而，活在廿一世紀的現在，這個世道已然變成「只要是人們所相信的，就是眞相」了……

積畫以成字

積畫以成字，積字以成句，積句以成篇，謂之文。文體日增，至八股[1]而遂止。如古文、如詩、如賦、如詞、如曲、如說部[2]、如傳奇小說[3]，皆自無而有。方其未有之時，固不料後來之有此一體也；逮[4]既有此一體之後，又若天造地設，為世必應有之物。然自明以來，未見有創一體裁新人耳目者。遙計百年之後，必有其人，惜乎不及見耳！

1 八股：八股文（又稱制藝、時藝、時文），明清科舉考試規定使用的文體，有一定的寫作規範（由八個部分組成）。考題均出自四書（《論語》《孟子》〈大學〉〈中庸〉），考生限用朱熹《四書章句集注》作答。
2 說部：指小說、隨筆、雜記之類的文章。
3 傳奇小說：多指唐人傳奇，或後世據以創作的小說，亦可指明清時期的長篇通俗小說。
4 逮：等到。
5 陳康疇：本名陳均，字康疇（疇讀作「愁」），清代安徽歙縣（歙在此讀作「社」）人。著有《畫眉筆談》。
6 張竹坡：本名張道深，其人介紹請見本書〈編者導讀〉文章。

◆ **陳康疇[5]評點**：天下事，從意起。山來今日既作此想，安知其來生不即為此輩翻新之士乎？惜乎今人不及知耳。

天下之事無不從意念而起。山來先生今日既有此想法，怎知來生不會成為做出這些創新的人呢？可惜今日之人來不及得知了。

◆ **張竹坡[6]評點**：見及於此，是必能創之者，吾拭目以待新裁。

有如此的見識，必然是能開創新文體的人，我拭目以待新體裁的問世。

白話翻譯

聚積筆畫形成文字，聚積文字形成句子，聚積句子所形成的篇章，稱爲文章。文章體裁日漸增多，發展到了目前的八股文爲止。像是古文、詩、賦、詞、曲、隨筆雜記、傳奇小說，這些文體都是從無到有的。在某種體裁還沒被創立之前，實沒想到會出現這種體裁；等到這種體裁問世後，就彷如渾然天成般，認爲本來即爲這世上所該有。然而自明代以來，還未能見到令人耳目一新的創新文體。遙想估計在百年之後，一定會有人創造出新文體，可惜我是來不及看到了。

賞析

張潮先是拆解文章的組成要件，然後再討論各種文體的形成，最後言及文體的創新問題。

一篇文章是由一個字，一個詞，乃至於一句話組合而成的。一篇文章的最小組成元素是文字，文字的最小組成元素是筆畫。中國文字的特徵是象形，正是按照事物的特徵來表示，或象具體之形，或象抽象之形。由文字的逐漸積累而形成詞、句子，最後形成一篇文章。文章又具有許多體裁，每種文學體卻裁都有其所形成的時代背景與價值功用，換句話說，沒有一個文學體裁是憑空被創造出來的。

例如：漢賦，其源流源自於先秦時代的《楚辭》、荀子《賦篇》，到了漢朝才興盛起來，之所以興盛是因爲君王與貴族的提倡——經濟富裕，許多貴族富豪興建了大量的園林，於是便有描寫園林宮殿之美的長篇賦體出現；漢朝儒學地位提升，認爲賦有助於宣揚儒家思想，故大力提倡；漢賦對於詞藻的選用十分講究，漢朝文字學發達，也間接促成了漢賦的流行。

至於明清時代的八股文體，則是爲了配合科舉制度而產生的，也同樣具有時代意義，這種文體只有明清時代才有，到了現代因爲科舉制度的廢除，這種文體也就失去它的價值功用而消失。因此，張潮感嘆清代沒有新的文體出現，只是因爲醞釀新文體的時代背景等因素尚未形成，而近代的散文、新詩等文體，則是因白話文出現與普及化才產生的一種新新文體。

雲映日而成霞

雲映日而成霞，泉掛巖[1]而成瀑，所托者異，而名亦因[2]之。此友道[3]之所以可貴也。

1 巖：指高峻的山崖。通「岩」字。
2 因：指跟隨。
3 友道：交友之道。
4 張竹坡：本名張道深，其人介紹請見本書〈編者導讀〉文章。

白話翻譯

雲受到日光照映而成爲彩霞，山泉懸掛在山岩上而形成瀑布，由於所依託者不同，事物的名稱也隨之變化。這正是交友之道可貴的原因。

賞析

雲要有日光的照映，才會變成炫麗的彩霞，因此太陽是雲彩相映的必要條件；是以，我們有了雲、雲彩、彩霞、朝霞、晚霞這些生動的詞彙。而山泉

◆**張竹坡[4]評點**：非日而雲不映，非巖而泉不掛。此友道之所以當擇也。

沒有太陽，雲彩不得而相映；沒有山岩，泉水不得而懸掛。這便是為何交友之道應有所擇取。

要從山岩上傾瀉下來才會成爲瀑布，因此高聳的山岩是瀑布懸掛的必要條件，水若是從地底下湧出，就不會被稱作飛泉，也不會有飛流而下的壯觀瀑布。

張潮從自然環境互相依附的襯托之美，論及了人與人的交往之道，晉・傅玄・〈太子少傅箴〉曾說：「近朱者赤，近墨者黑。」接近硃砂很容易會被染紅，靠近墨也會隨之變黑，可見環境對一個人的影響多麼重大。善良的人與善良之人交往，長此以往，可能會是很美好的交遊，但也可能在某個時刻情誼受到衝擊，有人顯露出了不一樣的人性，那麼就很考驗善良了。

張潮說，我們在擇友時必須有自己的一套選擇標準，然而在人生路上誰都可能在人與人的關係之中跌跤。沒問題，爬起來就是了，然後我們記取教訓，我們修正，我們調整，試著成爲自己的祝福，成爲別人的美好。

大家之文

大家①之文，吾愛之慕之，吾願學之；名家②之文，吾愛之慕之，吾不敢學之。學大家而不得，所謂「刻鵠不成尚類鶩」也；學名家而不得，則是「畫虎不成反類狗矣」③。

1大家：指兼容並蓄集大成的文藝創作者。

2名家：指自有專擅、自成一格的文藝創作者。

3刻鵠不成尚類鶩、畫虎不成反類狗：即便沒法雕刻出天鵝（指鵠，讀作「湖」），至少還能像隻鴨子（指鶩，讀作「物」），即前文所指，大家之文是能學習的，因為有可遵循的格式；想畫老虎畫不成，反倒像畫狗，模仿功力拙劣，形態絲毫不可得，即前文所指，獨樹一幟的名家之文難學，讓人不敢學。

此二句典出《後漢書・卷二四・馬援傳》的一段文字，是東漢名將馬援為了提醒兩位姪兒行止須謹嚴些、作派不可任俠恣肆而寫的家書。他在文中讚許龍伯高為人實誠，言語得體，又有威嚴，即便無法全然效法之，至少能成為謹慎謙虛之人；他也稱許杜季良豪邁好義，交遊廣泛，乃性情中人，可若效法他不成，很容易流於紈袴子弟，為世所訕、所誤解。（龍伯高敦厚周慎，口無擇言，謙約節儉，廉公有威。吾愛之重之，願汝曹效之。杜季良豪俠好義，憂人之憂，樂人之樂，清濁無所失。父喪致客，數郡畢至。吾愛之重之，不願汝曹效也。效伯高不得，猶為謹敕之士，所謂「刻鵠不成尚類鶩」者也。效季良不得，陷為天下輕薄子，所謂「畫虎不成反類狗」者也。）

4殷日戒：本名殷曙（一六二四年至？年），字日戒，號竹溪，清代安徽歙縣（歙在

◆**殷日戒④評點**：彼不曾闖其藩籬，烏能窺其閫奧⑤？祇說得隔壁話耳。

如果不能闖入創作者的境界，哪裡能窺其內在視野之奧？只能說些外行話罷了。

◆**張竹坡⑥評點**：今人讀得一兩句名家，便自稱大家矣。

現在的人讀了一兩句名家的文章，就自稱大家了。

此讀作「社」）人。原是張潮父親張習孔的門人，後亦和張潮交情不錯。著有《竹溪雜述》等書。

5 閫奧：讀作「細澳」，指內心深處。

6 張竹坡：本名張道深，其人介紹請見本書〈編者導讀〉文章。

白話翻譯

大家的文章，我喜愛且仰慕，我願意向它們學習；名家的文章，我喜愛也仰慕，卻不敢習之。向大家的文章學習卻達不到水準，即是所謂的刻天鵝刻不出至少像隻鴨；學習名家的文章而沒法達其水準，則是所謂的老虎畫不成反而像畫狗。

賞析

張潮對大家、名家的見解，確有其深意。大家的創作，是經過認可的、足可成爲典範加以學習的，所以模仿之，大抵不會出錯。名家的創作，很可能只是某篇或數篇極佳，尚未建立起自成一格的典型可供遵循，是以模仿之，所收到的評價仍在未定之數，可能與名家同行，也可能青出於藍，但也可能不倫不類。

然而，文章屬於個人創作，除了個人的學養功底

深淺之外，還與個人所處的社會文化背景、教育程度與生活環境有關。每個人的生活經驗與人生閱歷迥然，因此對周遭事物的體悟也各有不同，是以寫文風格各異，而即便題材相同，也不可能人人都能創作出完全一樣的作品。因此，筆者以爲，若想學習效仿大家或名家的文章，大概只能學習其遣詞用字、謀篇成文的外在形式，其文章中的神韻氣質是無法模仿的，如果眞要勉強模仿，很可能會徒具其形而失其神韻。這也是張潮爲什麼說，對於名家之文，他心中喜愛、內心傾慕，卻不敢加以模仿學習。

文章表達了個人的情思，不必非得刻意模仿別人，否則就成了東施效顰，倒不如順其自然，寫出只屬於自己的體驗與韻味。確實，初期的模仿學習能爲未來的創造創新奠基，可若一味模仿下去，就一直無法活出那個獨一無二的自己，開創自己的文章風格，乃至於人生情調。

由戒得定

由戒得定，由定得慧①，勉強②漸近自然；鍊精化氣③，鍊氣化神④，清虛有何渣滓⑤。

1由戒得定，由定得慧：戒、定、慧，皆佛教名詞。戒，指戒規、戒律。定，精神狀態專一、不迷惑散亂，指定力、入定。慧，通澈了事理，識得了真理，指智慧。

2勉強：指非常努力、盡力去做。

3鍊精化氣：精、氣、神，皆道教內丹學術語。精，指構成人體的精華，有先天與後天之分，先天之精稱為「元精」，每個人與生具備；後天之精，指男女交媾所射出的精液。氣：也有先天與後天之分，先天之氣稱為「元氣」，是生命的原動力；後天之氣，指人的呼吸。鍊，通「煉」，指修鍊，修煉。

4神：亦有先天與後天之分，先天之神稱為「元神」，是一個人天生本有的智慧之光。後天之神的作用是，認知外在事物，辨別出各種事物之間的不同。

5渣滓：讀作「楂紫」，指雜質、糟粕（粕，讀作「破」）。

6袁中江：本名袁啟旭，字士旦，號中江，安徽宣城人。擅長作詩與書法，著有《中江紀年詩集》。

7尤悔菴：其人介紹請見本書〈編者導讀〉文章。

◆**袁中江⑥評點**：此二氏之學也，吾儒何獨不然？

這是佛、道兩教的學問，我們儒家為何不是這樣？

◆**尤悔菴⑦評點**：極平常語，然道在是矣。

這些話很尋常普通，然而真理就在其中。

白話翻譯

透過遵守戒律獲得定力，再藉由定力的增長而獲得智慧，努力接近超凡脫俗的自然境界；透過把散離的精氣神，聚合成為氣與神的工夫，再將氣與神交相互融合為一，達到了清虛無為的境界後，心就不會起凡塵俗念。

賞析

戒、定、慧是佛教的三學——戒學，是佛陀訂下的戒律，要求眾生遵守，並非要約束眾生的行為，而是為了保護眾生，防止眾生造惡業，且維護善根而不予以破壞。定學，通過修習禪定，讓心達到專一、不散漫的狀態。我們的心無時無刻都處在意念紛飛的狀態，胡思亂想只會增添煩惱，而修行是為了體證究竟涅槃，解脫一切煩惱，所以心的散亂是修行的阻礙，想要去除阻礙就先要讓心專一。慧學，當定力有所增長精進後，就能獲得智慧，了解世間的眞實，以破除虛假迷惑。

煉精化氣、煉氣化神、煉神還虛，則是道教內丹術修煉的三種過程，這種修煉術轉化了《老子》所說的「道生一，一生二，二生三」，以做為內丹術的理論基礎。煉精化氣，就是將精氣神（三），凝聚為氣與神（二）的工夫。煉氣化神，是將氣與神（二），融合為道（一）。藉由這樣的修煉工夫，以回歸到人最初的嬰兒狀態，否則人就會不斷地衰老，最終步向死亡，這便是反璞歸眞。最終，打破對一切事物的執著，讓心超越形軀的束縛，回歸虛無的「道」。

佛教的修行法門，目的是要解脫一切煩惱，體證涅槃，從生死輪迴中脫離出來。而道教的修行目的是要延年益壽，長生不老。張潮認爲，佛、道兩教雖看似修行方法不同，但其對擺脫外物牽累、讓心得以平靜的目標追求，卻是一致的。

南北東西

南北東西，一定之位也；前後左右，無定之位也。

1張竹坡：本名張道深，其人介紹請見本書〈編者導讀〉文章。

白話翻譯

南北東西，方位是固定不變的；前後左右，則不斷改變，沒有固定的位置。

賞析

東西南北四個方位，是以地球自轉的方向來決定的，而非以太陽日升日落的方向來定位，這是因爲——太陽日升與日落，以太陽的直射點來決定，如果太陽的直射點在北半球，那麼升起的方向會在東方偏北；如果太陽的直射點在南半球，升起的方向會在東方偏南。落日的方向道理亦

◆**張竹坡1評點**：聞天地晝夜旋轉，則此東西南北，亦無定之位也。或者天地外貯此天地者，當有一定耳。

聽說，天地，是日與夜都在不斷旋轉的，如此一來，東西南北方位也不是固定的了。或是在我們的天地之外，還藏著這樣一個方位不固定的天地。

同，同樣是以太陽的直射點決定，因此日升與日落不一定在正東方與正西方。所以，東方與西方的判定，應該要以地球的自轉方向為依據，順著地球自轉的方向為東方，逆著地球自轉的方向為西方。定出東西方位後，南北方位也能夠予以確定——只要人在地球上，東西方位就是固定的，不會改易。

至於前後左右，位置則是相對的，大抵來說，人的左邊為左，右邊為右，前面為前，後面為後。但前後左右會依人所處的位置而有所變化，例如，兩個人面對面地站立，他們的前後左右位置就是完全相反的，不過東西南北方位是固定不變的，不會因為所處的位置不同而有所變化。

然而，無論是東西方位，還是人的前後左右位置，其實皆非永恆不變——如果地球

自轉受到了外力影響而改變，那麼東西方位仍可能會改變。這都是因爲，人所經驗到的這個世界，凡事都無時無刻地變化著，而非恆常不變地存在著。

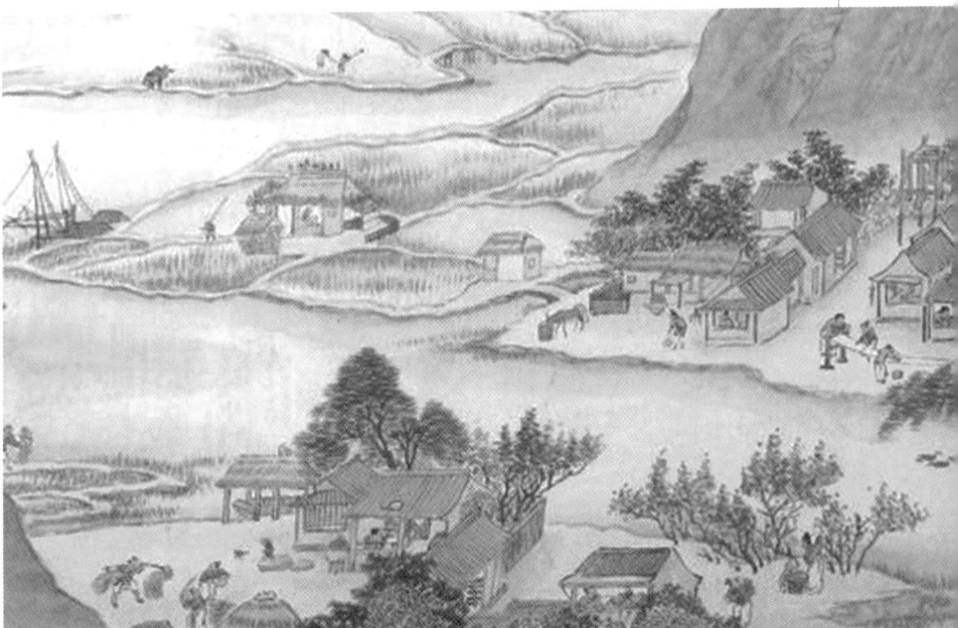

予嘗謂二氏不可廢

予嘗謂二氏[1]不可廢，非襲夫大養濟院[2]之陳言也。蓋名山勝境，我輩每思褰裳[3]就之。使非琳宮梵剎[4]，則倦時無可駐足，飢時誰與授餐？忽有疾風暴雨，五大夫[5]果真足恃乎？又或邱壑[6]深邃，非一日可了，豈能露宿以待明日乎？虎豹蛇虺[7]，能保其不為人患乎？又或為士大夫所有，果能不問主人，任我之登陟憑弔[8]而莫之禁乎？不特此也，甲之所有，乙思起而奪之，是啟爭端也；祖父之所創建，子孫貧，力不能修葺[9]，其傾頹之狀，反足令山川減色矣。然此特就名山勝境言之耳。

即城市之內，與夫四達之衢[10]，亦不可少此一種。客遊可作居停，一也；長途可以稍憩，二也；夏之茗、冬之薑湯，復可以濟役夫負戴之困[11]，三也。凡此皆就事理言之，非二氏福報之說[12]也。

1 二氏：指佛、道兩教。
2 養濟院：官府所設收容所，用以收養、救濟貧困無依的百姓。明代文人陳繼儒曾稱佛教為朝廷的大養濟院。
3 褰裳：讀作「千常」，指撩起衣物下襬，此指動身前去。褰，以手提起。裳，指下半身穿的，即裙子。
4 琳宮梵剎：道觀與寺院。琳宮，本為神仙居住之所，後用來代稱道觀。梵剎（讀作「範岔」），指佛寺，意為清淨之所。
5 五大夫：松樹的別名。典故出自《史記・秦始皇本紀》：秦始皇曾遇暴風雨，於松樹下避雨，因松樹護駕有功，故依當時爵位制度封其為五大夫（共廿級，最高等為二十徹侯），後世由此稱之。

6 邱壑：山峰與河谷。邱，通「丘」。

7 蛇虺：泛指毒蛇。虺，讀作「毀」。

8 登陟憑弔：攀登高山對著古人遺跡懷想追念。陟，讀作「至」，攀爬。

9 修葺：整治修繕建築物。葺，讀作「氣」，修補。

10 四達之衢：通達四方的大路。衢，讀作「去」的二聲，道路。

11 濟役夫負戴之困：濟，幫助消解。負戴：指背部負著、頭部頂著重物，比喻勞動。困，疲倦。

12 福報之說：即因果論，指此世善惡作為，來世有福禍報應。

13 釋中洲：即釋菌人，法名海岳，字菌人，號中洲。擅長繪畫。

14 量無慳檀越：量，在此讀作「亮」，估計。慳，讀作「千」，小氣。檀越，指以財物或食物供養出家人或寺院的一般佛教信徒，亦可稱施主。

15 張竹坡：本名張道深，其人介紹請見本書〈編者導讀〉文章。

16 拜懺：請僧道之人念經拜佛，以懺悔罪過，消災禍，免除業障。懺，讀作「產」的四聲。

◆**釋中洲**⑬**評點**：此論一出，量無慳檀越⑭矣。

此番言論一出，料想再無吝嗇的施主了。

◆**張竹坡**⑮**評點**：如此處置此輩甚妥。但不得令其於人家喪事誦經，吉事拜懺⑯；裝金為像，鑄銅作身；房如宮殿，器御鐘鼓，動說因果。雖飲酒食肉，娶妻生子，總無不可。

如此安頓僧道之人十分妥當，但家中辦喪事時不可要他們前往誦經，喜慶時亦不可禮佛懺悔；不可動輒以黃金裝飾佛像，以銅鑄造佛身，把房舍建造得如宮殿般宏偉，使用鐘鼓類器具，動不動便搬出因果論來。但當然，喝酒吃肉，娶妻生子，自然是可以的。

白話翻譯

我曾說過佛、道兩教不可廢除，但並非承襲佛教是窮人救濟院這種陳腔濫調爲之。對於名山美景，我輩中人時常會想撩起衣裳攀登遊覽一番，假如沒有道觀寺院，累時要去哪裡休息，飢餓時誰給我們飯吃？若突然遇到颳風下雨，僅靠松樹眞能夠遮風擋雨嗎？如果前往非一日可走完的幽深山谷，難道能夠露宿荒郊野外等待天亮嗎？能擔保猛獸毒蛇不會攻擊傷害人嗎？又或者，名山勝景爲某位士大夫所擁有，眞能在不徵求主人同意下，恣意攀爬懷古而不遭阻止嗎？不僅如此，名山被甲所擁有，乙就會起爭奪之心，這便引起了爭端；祖父輩所建造的園林，子孫沒有能力修整維護，其倒塌荒涼的模樣，反而讓名山勝景大打折扣。而這還只是就名山美景本身而言。

城市裡以及四通八達的道路旁，也不能沒有道觀寺院。可以做爲旅客遊玩時休息的地方，這是其一；長途跋涉時可稍事休息，這是其二；夏日的茶水，冬日的薑湯，還可緩解勞動之人的困倦，這是其三。這些全是根據事物實情加以論述，與佛、道兩教的因果論毫無關聯。

賞析

佛、道兩教不事生產，而且依靠善男信女的布施存活，對於社會國家來說無疑是一大負擔——雖時常救濟貧困的百姓，但金錢來源仍靠善男信女的布施。這是由於道教的修行目標是成仙長生，佛教的修行目標則是求得究竟解脫，體證涅槃，因此他們必須脫離世俗的生活方式，才能專心追求理想目標。衣食，對僧人道士來說，只要衣能蔽體、食能果腹便可，並無物質慾望的追求。僧道篤信因果報應之說，認為今生所受的一切善惡果報，皆因前世行為所導致，所以若希望來生得過得順遂，那麼今生就要多做善事，累積善業方可得到。

然而，張潮這篇文章的立論觀點，與大養濟院的那些陳腔濫調、因果報應之說都無關聯，而是針對道觀與寺院對人們生活的實用便利性來論述。在文人素來漫漫悠悠的浪漫情懷底下，生活面向中的張潮，或許是非常務實的。

雖不善書

雖不善書，而筆硯不可不精；雖不業醫[1]，而驗方[2]不可不存；雖不工弈[3]，而楸枰[4]不可不備。

1 業醫：以行醫替人治病為業。
2 驗方：有臨床經驗、確認有療效的藥方。
3 工弈：擅長下棋。
4 楸枰：讀作「邱平」，以楸木（即梓樹）製成的棋盤，泛指棋盤。
5 江含徵：本名江之蘭，其人介紹請見本書〈編者導讀〉文章。
6 醞：讀作「運」，原指釀酒或事物逐漸形成，亦可借指酒本身。

白話翻譯

儘管不擅長書法，毛筆和硯臺不能不精良；儘管不能行醫救人，有療效的處方不能不留存；儘管不擅長下棋，上好的棋盤不能不準備。

◆**江含徵**[5]**評點**：雖不善飲，而良醞[6]不可不藏，此坡仙之所以為坡仙也。

儘管不擅長飲酒，可美酒佳釀卻不能不藏，這就是蘇東坡何以被慕稱為坡仙的原因。

◆**顧天石評點**：雖不好色，而美女妖童不可不蓄。

儘管不貪愛女色，可美女和美少年不能不蓄養。

賞析

有些事情可以不擅長做，但家中不能不備有相應的工具。對於古代文人來說，可以不擅長寫書法，卻不能沒有筆墨紙硯，因爲書寫離不開這文房四寶。書法是藝術，精通實屬不易，但書寫有其基本功用，那就是記錄自己的言行思想，或寫日記，或留住當下的吉光片羽都行。所以，在古代，擁有毛筆與硯臺自能增添生活雅趣，就算不是文人，經商行醫等行業也離不開筆墨，有些文人雅士甚至更進一步地收藏毛筆與硯臺哩。來到現代，隨著時代演進，從蘸墨的書法，到硬筆字的書寫，再到電腦手機等數位介面的文字輸入，人們在生活中提筆寫字的機會越來越少，家中不一定備有毛筆與硯臺，但手邊筆與紙仍是有的，便於隨時隨地記事，寫個幾筆。

而人總會生病，在古代就醫不若現代方便，若能留存幾帖具有療效的藥方，或能以爲應急處置。至於下棋，古時文人有「琴棋書畫」的風雅四藝，具備一藝就能進而被稱作「雅人」。雖不懂下棋或棋藝不精，但至少能與風雅沾點邊，是以家中應備妥上好棋盤，若有擅弈棋的朋友來訪，還可對弈，請對方指教指教自己，以添交遊的談資。

方外不必戒酒

方外[1]不必戒酒，但須戒俗；紅裙不必通文[2]，但須得趣。

1方外：超脫紅塵世俗之外，多指僧人、道士。
2紅裙：指女子。通文：指識字讀書、寫文章。
3朱其恭：本名朱慎，字其恭，號菊山，住在揚州，擅長作詩，性情豪放不拘小節。
4陳定九：本名陳鼎，字定九，又字九符、子重等，號留溪，晚號鐵肩道人，清代江蘇江陰人。對雲南、貴州一帶的地理、歷史頗有研究，著有《留溪外傳》、《留溪別傳》、《雲貴人物志》等傳奇小說與地方歷史考察文獻。

白話翻譯

和尚與道士不需要戒酒，但得戒除俗念；女子不需要能識字讀書寫文，但得知情知趣。

◆**朱其恭**[3]**評點**：以不戒酒之方外，遇不通文之紅裙，必有可觀。

若讓不戒酒的僧道，遇上不識字的女子，一定有值得玩味之處。

◆**陳定九**[4]**評點**：我不善飲，而方外不飲酒者誓不與之語；紅裙若不識趣，亦不樂與近。

我不善於飲酒，可不喝酒的僧道我誓言不與其交談；女子若不知情知趣，我也不樂意與之親近。

賞析

佛、道兩教都有戒律規定不可飲酒。而在佛教信仰中，不只是出家的僧人尼姑，就連在家居士也須遵守「不飲酒」的戒律。不飲酒，是佛教的五戒之一，因爲飲酒會破壞人的善根，會對我們的腦幹細胞造成損傷，以致臨終時無法清醒地保持正念，有可能往生到惡道。無論飲酒多寡，都會對善根造成破壞，因此，佛教的修行者無論在家或出家，皆不可飲酒，這是對自我的保護，而非是行爲的束縛。張潮認爲，出家人可以飲酒，大抵是因爲他覺得酒是風雅之物，是與朋友相聚不可或缺的東西，所以認爲出家人飲酒無傷大雅。但出家人若心中仍有塵俗之念，難以擺脫爭名奪利的惡習，則是張潮所不能容忍的。

「女子無才便是德」這句話雖說始自明末，但自古以來這樣的思想根深蒂固，是以女子即便不識字、不會寫文章，對於男人來說也沒什麼要緊。以男人立場來說，女子若能了解自己的心意，知情知趣，當一朵解語花，遠比懂得舞文弄墨更能討自己歡心。這種想法在現今看來自是對女性的蔑視，認爲女人只能做男人的附屬品，少了一份對人權、對女權的看待與尊重。不過，古今時空不同，我們自然不能拿現代人的思維去要求古人，不妨將張潮的這篇文視爲對當時社會的一番觀察。

梅邊之石宜古

梅邊之石宜古，松下之石宜拙，竹傍之石宜瘦，盆內之石宜巧。

1 周星遠：生平不詳。

2 九品中正：此為選拔官吏的一種制度，始於三國時期的魏文帝，他訂定了「九品官人法」——在各州郡設中正官，郡邑設小中正，州設大中正，然後品第各地人才。先由小中正將人才評為九等，再上報大中正，而後再上報朝廷予以核實、選用。南北朝皆循此制，到隋文帝時廢除，改行科舉制。

3 釋中洲：即釋菌人，法名海岳，字菌人，號中洲。擅長繪畫。

白話翻譯

梅樹旁邊適合放古雅的石頭，松樹下適合放樸拙的石頭，竹子適合傍著瘦削的石頭，盆栽裡適合放小巧的石頭。

◆**周星遠**1**評點**：論石至此，直可作九品中正2。

張先生品評石頭達致這種境地，簡直可做園林造景的中正官，分等選拔石頭。

◆**釋中洲**3**評點**：位置相當，足見胸次。

能將植物與石頭的搭配，安排布置得如此恰當，讓人全然得識張先生的不凡胸懷。

賞析

中國園林的設計，充分表現了設計者的審美標準，張潮這則小品文表現的是他對園林造景的獨特創意與巧思，其中蘊含了文人雅士對生活價值與美感的追求。

擺放在梅樹邊的石頭，應該選擇古典雅致的，才能與梅樹的古色古香相互映襯；這裡擇取了梅花高雅的意象，表達出文人崇古懷舊的一種情操。松樹偉岸挺拔，四季長青，是以放在樹下的石頭應當樸實粗拙；樸拙，與人造的工巧相對，想表達自然和諧的樣貌，正如同松樹傲骨嶙峋，不輕易向現實妥協的特質那樣。竹子修長，與之相配的石頭也應當細瘦，這樣才顯得對稱。盆栽空間狹小，適合擺放小巧的石頭，太大則顯得突兀不對稱。

律己宜帶秋氣

律己宜帶秋氣，處世宜帶春氣。

1孫松楸：此人疑為孫松坪。孫松坪，本名孫致彌，字愷似，號松坪，又號杕左堂。江南蘇州府嘉定縣人。生卒年不詳，約康熙年間在世。康熙廿七年（一六八八年）進士，官至侍讀學士。著有《杕左堂集》、《杕左堂續集》和《杕左堂詞》。楸，讀作「秋」，指楸木，即梓樹，木材用於建築與製造器具。杕，在此讀作「第」，樹木孤高而立的樣子。

2有矜群而無爭黨：處世應莊重自持而合群，不與人起爭端、結黨營私。語出《論語・衛靈公》：「君子矜而不爭，群而不黨。」

3胡靜夫：本名胡其毅，改名澄，字致果，號靜夫，清代江寧（今江蘇南京）人。性情謙沖，詩風亦淡雅。曹雪芹的祖父曹寅任江寧織造時，兩人多所往來。

白話翻譯

自我約束應當帶有秋天嚴厲肅穆之氣，待人處世應帶有春天溫和寬厚之氣。

◆**孫松楸**①**評點**：君子所以有矜群而無爭黨②也。

不去結黨營私、排除異己，這就是身為君子的莊重自持。

◆**胡靜夫**③**評點**：合夷、惠為一人，吾願親炙之。

如若有人身上結合了伯夷、柳下惠二人品德高潔正直的優點，我很樂意得到他的指教。

賞析

俗語說「寬以待人，嚴以律己」，意思是「待人要溫和寬容，約束自己要嚴格篤實」。張潮的這則小品文，也表達出了這樣的意思。

秋天草木凋零、舉目蕭瑟，予人肅殺嚴厲之感；春天和煦溫暖，適合草木生長，給人一種溫和包容的感覺。人最大的通病就是容易原諒自己，做錯事情容易給自己找臺階下，或者把錯誤歸咎到別人身上，而不懂得自我反省。因此，約束自己需帶有秋天之氣，嚴格約束、規範自己的所思所言所行。

待人處世則相反，我們要懂得包容、原諒別人，不要過分地指責別人，因爲那人可能已經很嚴格地約束自己了，仍不愼失了誤、犯了錯，內心想必已很懊惱，若再嚴厲以待，恐怕會讓那人轉而惱羞成怒，甚至遭致怨恨，便得不償失了。

我輩時刻自律以嚴，仍有未臻完善之處，這時旁人若寬厚以待，當能和緩自身懊喪心情，再重新出發……，人生在世角色多元，我輩不總是那個秋日的「自己」，更多時候是春日的「他人」，人我互濡溫暖之情，至爲重要。

厭催租之敗意

厭催租之敗意①，亟宜早早完糧②；喜老衲③之談禪，難免常常布施④。

1 敗意：破壞興致。
2 完糧：古時指稱繳交田賦租稅。
3 老衲：老僧的自稱，或指年紀大的僧人。衲，讀作「納」。
4 布施：佛教徒為了對治貪慾、累積功德，施捨他人財物或向他人說法，此為佛教的一種修行方法。
5 釋中洲：即釋菌人，法名海岳，字菌人，號中洲。擅長繪畫。
6 瞎尊者：即知名畫家石濤（一六四二年至一七一八年）。本姓朱，名若極，有很多別號，清初全州（今廣西）人。年幼時，滿清入關，明朝滅亡，曾出家為僧，法名原濟。晚年還俗，定居江蘇揚州，以繪畫為生，擅長山水畫、花卉、蘭花、竹子等，對近現代的中國畫影響甚大。亦工書法、詩，著有《畫語錄》等。

白話翻譯

厭惡催繳租稅之人壞人興致，就應當早早把租稅繳清；喜歡聽老和尚談論佛經玄理，免不了得常常布施。

◆**釋中洲⑤評點**：居士輩之實情，吾僧家之私冀，直被一筆寫出矣。

居士們的真實生活景況，我們出家人的私心願望，全被一筆寫出來了。

◆**瞎尊者⑥評點**：我不會談禪，亦不敢妄求布施，惟閒寫青山賣耳。

我不擅長談論佛理禪機，也不敢奢望別人施捨，只能在閒暇時畫幾幅山水賣錢罷了。

賞析

對於租人田地的農人來說，繳交田租一事往往無法太愉快——倘若遇到豐收之年，繳完田租還有剩餘，那麼值得慶幸；若遇莊稼歉收的荒年，連能不能順利繳出租稅都成問題了，哪敢奢望有所剩餘。因此，沒人喜歡被催繳租稅，雖然張潮說早點繳清就可以免於被收租人打壞興致，但繳不了田租已然夠愁眉苦臉，籌錢救急都來不及，哪裡還有閒情興致去做其他事。

聽老僧談論禪理則是件愉快的事情，有助我們忘卻煩惱，讓心更加安定、喜樂。到寺廟聆聽老僧開示布道，免不了要布施供養，此舉看似花費錢財，然而布施不僅能累積功德，還能對治人的貪慾，是爲佛教的一種修行方法。人往往深怕自己擁有的東西被人奪走，而緊緊拽在手裡，因此吝於將擁有物給予他人。所以，佛陀教導人布施，爲的是要降低人的貪慾。錢財、物品都是身外之物，在佛教的觀念裡這些都是虛幻的東西，它們是會變動的，所以應當不要執著，將之拿去幫助需要的人便是功德一件。

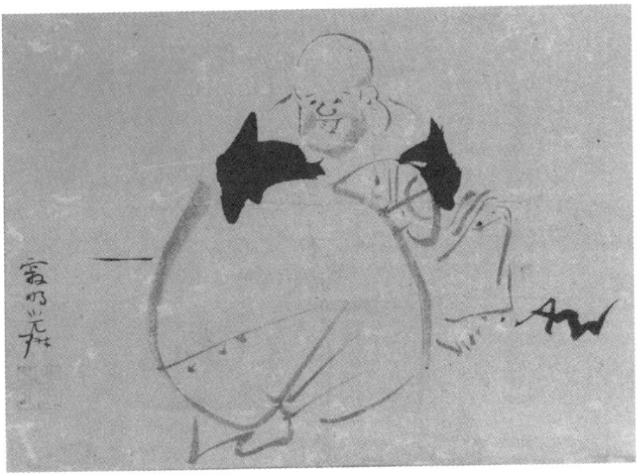

松下聽琴

松下聽琴，月下聽簫，澗邊聽瀑布，山中聽梵唄[1]，覺耳中別有不同。

1梵唄：讀作「範拜」，指佛教徒或僧侶禮佛時，所唱頌的短偈（讀作「季」）或歌詠。
2張竹坡：本名張道深，其人介紹請見本書〈編者導讀〉文章。
3倪永清：生卒年不詳，法名超定，清代松江（在今上海市境內）人。

白話翻譯

松樹下聽人彈琴，月光下聽人吹簫，山澗旁聽瀑布傾瀉而下的聲音，山林中聽僧侶禮佛頌讚，覺得耳中別有一番感受。

賞析

絲竹音樂是演奏樂器所發出的聲音，梵唄是僧侶禮佛時所唱頌的讚歌，這兩者都是人爲製造出來的聲音。松樹、月光、山林都是

◆**張竹坡[2]評點**：其不同處，有難於向不知者道。

這其中哪裡不同，難以跟不懂的人說清道明。

◆**倪永清[3]評點**：識得「不同」二字，方許享此清聽。

明白「不同」二字的真義，才能懂得此等聽覺享受如何清雅。

自然環境的一部分，在大自然的環繞之下，聆聽人爲演奏的樂曲，可生出與天地自然融合爲一之感。

空靈的琴聲伴隨風吹動松樹的聲響，給人解憂忘俗之感；在清冷月光下，聆賞低沉嗚咽的簫聲，增添悲涼凄美的意境；在遠離塵囂的山林中，聆聽僧侶的梵唄，有種超然出世之感。至於山澗旁的瀑布激石聲響，與前面三者聲響都不同，這是在自然的環境中聆聽自然的聲音，少了人爲的干預，多了份胸懷的激流盪滌。

這就是張潮所說，在不同的環境之下，聆聽不同的聲音，會別有另一番新奇感受。這不僅是一場聽覺的享受，也是一種美的意境。

月下聽禪

月下聽禪，旨趣益遠；月下說劍，肝膽益真；月下論詩，風致益幽；月下對美人，情意益篤。

1袁士旦：本名袁啟旭，字士旦，號中江，安徽宣城人。擅長作詩與書法，著有《中江紀年詩集》。

白話翻譯

月光下聽高僧談論禪理，對佛法的領悟更加深刻；月光下談論劍術，赤誠豪情越發激昂；月光下談論詩歌，詩中風韻更加幽遠清揚；月光下與美人相對，愛慕情意更加真切。

賞析

環境如何影響著人們對周遭事物的情感體驗，張潮在這則小品文

◆**袁士旦①評點**：溽暑中赴華筵，冰雪中應考試，陰雨中對道學先生，與此況味何如？

在潮濕悶熱的夏天赴豐盛筵席，在冰天雪地的時節準備考試，在陰冷潮濕的雨天面對迂腐的讀書人，面對這些光景，況味又是如何？

中抒發了己見，而且特別針對月光闡發。在清代，電燈尚未普及化，因此夜晚的月亮光芒特別引人注目。月光給人一種朦朧清冷的感覺，在月光下從事各種活動也比其他時候更添一番意趣。

在皎潔的月光下聽高僧談論佛法，覺得比平常更能領悟佛法的玄妙，這當然是一種心理作用，畢竟，對於佛法的參悟取決於個人的領悟力，與環境沒有必然關係。張潮之所以覺得能比平常更加領悟佛法的高妙之處，是出於他個人的審美體驗，以及對於月光的愛好所致。

在月光下談論劍術，想像交錯的劍影如何爲或朦朧、或清冷的月光映襯環抱，由此激起了與對方的肝膽相照豪情。在月光下談論詩歌，能更添詩歌中的韻味，這是由於詩歌本就是一種藝術，而月光也能給人美的感受，兩者相得益彰。在月光下與美人相對，則添了幾許談情說愛的浪漫氣氛，只因朦朧的月色將身旁的美人映襯得更爲秀麗迷人了。在大自然的景象裡，張潮尤爲愛月，愛月之情於《幽夢影》書中時常可見。

有地上之山水

有地上之山水，有畫上之山水，有夢中之山水，有胸中之山水。地上者，妙在邱[1]壑深邃；畫上者，妙在筆墨淋漓[2]；夢中者，妙在景象變幻；胸中者，妙在位置自如。

1邱：邱，通「丘」，指山峰。
2淋漓：氣韻龐然、痛快。
3周星遠：生平不詳。
4殷日戒：本名殷曙（一六二四年至？年），字日戒，號竹溪，清代安徽歙縣（歙在此讀作「社」）人。原是張潮父親張習孔的門人，後亦和張潮交情不錯。著有《竹溪雜述》等書。

白話翻譯

有地上的山水，有畫紙上的山水，有夢中的山水，有胸臆中的山水。地上山水妙在山高谷深，畫紙山水妙在筆墨酣暢，夢中山水妙在幻化不居，胸臆山水妙在能自由想像。

◆**周星遠**[3]**評點**：心齋《幽夢影》中文字，其妙亦在景象變幻。

心齋先生《幽夢影》中的文字，亦妙在景致幻化不居。

◆**殷日戒**[4]**評點**：若詩文中之山水，其幽深變幻，更不可以名狀。

若是詩詞文章裡的山水，其之幽深之變幻，更是無法以言語形容。

賞析

地上山水是自然景觀，山勢起伏，河川蜿蜒，山谷幽深，無一不是大自然各種風貌的展現。

畫紙山水，是人爲的藝術創作，是人在欣賞自然造化的巧奪天工景致後，神往臨摹繪出的山水畫作，這是經人巧思而構建出的大自然風貌。

夢中山水則與夢境有關，是人根據日常生活的經驗，於潛意識營造出的一種情境。人無法在夢境中自主，是以，夢中景象往往奇詭、難以預測，給人一種變幻的迷離之感。

胸臆山水，則是人想像出的山水景象，雖也是依據生活經驗加以組織、編排，然與夢境不同的是，人能自由地重組大自然風貌景致。胸臆山水，是我們以想像力所刻畫出存於意識中的山水風貌。

在地上山水面前、在夢中山水之中，我們被動承接了大自然與夢境的給予，如夢遊仙境般驚喜；在畫紙山水面前、在胸臆山水之中，我們主動描繪、創造出意識裡的大自然，心如許自由。

一日之計種蕉

一日之計[1]種蕉，一歲之計種竹，十年之計種柳，百年之計種松。

1 計：謀劃、思量。
2 周星遠：生平不詳。
3 張竹坡：本名張道深，其人介紹請見本書〈編者導讀〉文章。

◆ **周星遠**[2]**評點**：千秋之計，其著書乎？

以千年來思量，應該是著書立說吧？

◆ **張竹坡**[3]**評點**：百世之計種德。

以百世來思量，應為行善積德。

白話翻譯

由一天來考量可以種芭蕉，由一年來考量可以種竹子，由十年來考量可以種柳樹，從百年來考量可以種松樹。

賞析

這篇文章探討，應如何從植物生長的時間長短，來評估適合種植什麼樣的植物。芭蕉生長速度很快，所需時間最短，且以觀賞性來說，從栽種之日開始就已經讓人覺得舒心了——芭蕉葉可以遮擋陽光，下雨時還可以聽雨聲擊葉，是適合相伴在側的植物。

竹子是君子的象徵，深受文人雅士喜愛，誰都喜歡在庭院栽種竹子。宋代文豪蘇東坡曾在詩中寫道「無竹令人俗」（〈於潛僧綠筠軒〉）——有了竹子，人也變得高雅起來。且竹子內部中空，提醒我們爲人處世應當謙虛內斂，不可驕傲盈滿。此外，竹子生長速度也很快，俗語有「清明一尺，穀雨一丈」的說法，大約不到一年的時間，就能長成一片竹林，所以張潮說「一歲之計種竹」。

至於柳樹，要能成蔭、在樹下乘涼，則需要十年的時間；松樹的壽命很長，同樣的，其生長時間也最長久，需要百年的光景才能長成參天巨木。

在現今忙碌的生活中做許多事情，我們往往希望能又快速又精準地達致目標，所以我們的心可能無時無刻不在種蕉栽竹；然而，也有許多事情需要天時地利人和的運作才能成就，所以需要等待，需要多些耐心，在自己心中植柳種松的同時，我們不妨時不時地抽離一下，換個心境處事、處世。

春雨宜讀書

春雨宜讀書，夏雨宜弈棋，秋雨宜檢藏[1]，冬雨宜飲酒。

1 檢藏：檢點、檢視收藏品，亦包括藏書。
2 周星遠：生平不詳。

白話翻譯

春日下雨適合讀書，夏季下雨適合下棋，秋日下雨適合翻檢藏品，冬日下雨適合喝酒。

賞析

下雨的時候不能外出，只能從事室內活動，然而四季的雨天各有適合進行的活動。

春季天氣逐漸轉暖，下雨時不能出外踏青，最適合在家讀書，一來不似夏季那般炎熱令人昏昏欲睡；二來濛濛細雨增添讀書的情趣，別有一番

◆**周星遠**[2]**評點**：四時惟秋雨最難聽，然予謂無分今雨、舊雨，聽之要皆宜於飲也。

四季裡，就秋日雨聲最不好聽，然我認為，聽秋雨時，無論是新朋友或老朋友都適合一塊兒喝酒，此點至為重要。

風味。夏季的雨往往伴隨電閃雷鳴，這個時候與人對弈可以享受肆意殺伐的快感，最爲合適。秋季下雨的時候，陰雨綿綿，給人一種冷清孤寂的感受，此時適合翻閱舊有的藏書、藏品，一來可以緬懷過往，二來可以適度地消遣，排憂解悶。冬天最爲寒冷，下雨時倍添寒意，這個時候喝一杯溫熱的酒，可以祛寒保暖，最爲愜意。

詩文之體

詩文之體，得秋氣為佳；詞曲之體，得春氣為佳。

1殷日戒：本名殷曙（一六二四年至?年），字日戒，號竹溪，清代安徽歙縣（歙在此讀作「社」）人。原是張潮父親張習孔的門人，後亦和張潮交情不錯。著有《竹溪雜述》等書。

2江含徵：本名江之蘭，其人介紹請見本書〈編者導讀〉文章。

白話翻譯

詩歌和散文這兩種體裁的創作，以帶有秋日肅殺氣息爲佳；詞和曲的創作，以帶有春日歡快氣息爲好。

賞析

詩歌對於韻律格式有嚴格的要求，散文則闡揚心志思想，兩者一直以來都是中國文壇的正統，因此必得嚴肅莊重。詞和曲，可說

◆**殷日戒**1**評點**：陶詩、歐文，亦似以春氣勝。

然而，陶淵明的詩淡麗溫和，歐陽修的文章平易流暢，似乎憑藉春天氣息取勝。

◆**江含徵**2**評點**：調有慘澹悲傷者，亦須相稱。

有些調子本就淒慘含悲，歌詞自然也須相稱，難以溫暖如春。

是詩文的別調，是爲抒情的文體，抒發感人眞摯之情，所以應該具備斑斕歡快的春彩。這是張潮對於什麼文體該有什麼創作內涵所持的個人觀點，並非放諸四海皆準。

總體來說，無論是何種文學體裁，創作就是爲了抒發情感、情志，至於是端莊肅穆或溫和抒情，這都得視創作的主體，以及創作者想表達出什麼而定。正所謂「文無定法」，創作時不該被既有的風格或格式所局限，否則作品將僅徒具形式而無眞情實感，那麼，這樣的作品就算寫得再精妙，也無法感動讀者。

抄寫之筆墨

抄寫之筆墨，不必過求其佳；若施之縑素[1]，則不可不求其佳。誦讀之書籍，不必過求其備；若以供稽考[2]，則不可不求其備。遊歷之山水，不必過求其妙；若因之卜居[3]，則不可不求其妙。

1縑素：供人書寫或繪畫用的白絹。縑，讀作「兼」，質地細緻而堅韌的絲織品。
2稽考：查考、考證。
3卜居：舊時以占卜選擇住所，後引申為擇地居住下來。
4冒辟疆：本名冒襄（一六一一年至一六九三年），字辟疆，號巢民，明末清初江蘇如臯人。文學家，亦擅書法，著有《巢民詩文集》、《影梅庵憶語》等書。晚年多病，雙眼幾乎失明。冒穀梁和冒青若是他的兒子。
5倪永清：生卒年不詳，法名超定，清代松江（在今上海市境內）人。
6區處：讀作「軀礎」，分門別類處理得當。

白話翻譯

用來抄寫文字的毛筆和墨，不必要求一定得是上乘佳品；但若要於白絹上書寫作畫，就一定要用上等佳品。拿來朗誦閱讀的書籍，不必要求一定得收藏齊備；但若要用來查考求證，

◆**冒辟疆**[4]**評點**：外遇之女色，不必過求其美；若以作姬妾，則不可不求其美。

選擇做為情人的女子，不必太要求美貌出眾；若做為姬妾，則不可不要求容貌動人。

◆**倪永清**[5]**評點**：觀其區處[6]條理所在，經濟可知。

見張先生如此井井有條地安排事物，便可知其人頭腦何等清晰、務實。

就一定得完整備齊才行。前往遊訪的山水，不必要求非絕色美景不可；但若要選擇定居的住所，就一定得美好才行。

賞析

這則小品文講的是業餘與專業的區別。一般人的筆墨都是用做記錄抄寫，所以不必太過講究；但若是要在白絹上書寫繪畫的專業人士，創造出來的全是藝術之作，那麼對於毛筆和墨水就必須十分講究，因其品質對於書法和畫作有著決定性影響，儘管和創作者功力亦不脫關係，但所謂「工欲善其事，必先利其器」正是這個道理，因爲品賞作品的行家立刻就能看出藝術家所用筆墨品質的好壞，是以專業的書法家與畫家，對於筆墨的選擇必須十分慎重。

就讀書這件事而言，普通的讀者只需要家裡的書足以滿足個人閱讀需求就行，可以憑藉自己的喜好選擇藏書；但如果要做論證考據的工作，就必須要有完整齊備的書籍，否則會因爲資料不夠，而使得理據不夠充分。

一般人遊山玩水，只要能看到有別於市塵生活的景致便可，不必要求秀麗殊妙；但如果要選擇住處居所，就不能馬虎，畢竟每日居於其中，四周環境將直接影響人的生活品質，所以得擇景色美好之境才行。

人非聖賢

人非聖賢，安能無所不知？祇[1]知其一，惟恐不止其一，復求知其二者，上也；止[2]知其一，因人言始知有其二者，次也；止知其一，人言有其二而莫之信者，又其次也；止知其一，惡[3]人言有其二者，斯下之下矣。

1 祇：在此讀作「紙」，有正好、恰巧之意。
2 止：僅、只之意。
3 惡：厭惡。
4 周星遠：生平不詳。
5 倪永清：生卒年不詳，法名超定，清代松江（在今上海市境內）人。
6 清語：指《幽夢影》這類清言小品集。

白話翻譯

普通人並非聖人賢者，豈能什麼事理都知道、都明白呢？碰巧得知了其中一部分，生怕事物全貌不只這個部分，還想知道其餘的，此爲上等；只知其中一部分，因爲聽了別人說才知

◆**周星遠**[4]**評點**：兼聽則聰，心齋所以深於知也。

多方聽取不同見解才能夠明辨是非，而這正是心齋先生識見既深且廣的原因。

◆**倪永清**[5]**評點**：聖賢大學問，不意於清語[6]得之。

聖人賢者的大學問，沒想到就這麼在清談作品中獲致了。

道還有其餘的，這是次一等；只知其中一部分，有人告知還有其餘部分卻不肯相信的，這是又次一等；只知其中一部分，卻厭惡別人說還有其餘的，這是下等中的下等。

賞析

這則小品文旨在論述人的認識與所知是有限的。很多時候，我們認識外在世界，是透過眼睛、耳朵、鼻子、口腔等感官去感知，而視覺、聽覺、嗅覺、味覺所能感知的範圍自有其限度，超過範圍限度的事物，我們常常無法得知。

由此可知我們的身體形軀實充滿限制，因而理當認識自己的有限性才是，可也有人以為他所認識的事物即是世界的全部眞相，這便是心的認知去執定他所認識到的東西。就像井底之蛙那樣，蛙在井底窺視天空，以為天空就只有井口這麼大，殊不知天空廣闊無邊。人也差不多如此，只是，比較有見識的人能意識到自身感官知覺的有限性，意識到自己所了解的不過是事情的一小部分，所以會想再進一步探索那些他無法認知到的事物，這是最上等的人。

另有一些人，聽了別人的說法，才意識到了自身認識的有限性，也了解到還有他所不知道的部分，並欣然接受之，這是第二等人。也有些人是，即便別人說了他所不知道的其餘部分，仍固執己見地拒絕接受，這是第三等人。

最下等的人是，當別人說了他所不知道、不了解的其餘部分時，不僅拒絕接受，還會連同對方也一起厭惡，這樣的人著實故步自封，永遠只能活在有限認知的世界裡，並且希望別人也和他一樣。在生活中，這樣的人所在多有——當別人提出不同的見解、看法時，心理就產生排斥，因而厭惡對方，這種人不但無法進步，且容易與他人站在對立面，無法好好聽取別人的意見看法，更遑論同意或形成共識了。

世界那麼大，可是也有人把自己活得那麼小，不是虛懷，也不是知足，那是狹隘。

史官所紀者

史官所紀1者，直世界2也；職方所載3者，橫世界4也。

1史官：執掌文書、典籍的官吏，此指編修史書的官員。紀：通「記」，指記錄。
2直世界：以縱向時間軸，記載世間所發生的事件。
3職方：古代官名。《周禮．夏官》所載職方官的職務內容是，執掌地圖與各藩屬國的貢物，更明確地說，指繪製國土疆域圖，並記錄各藩屬國所繳納之貢品。載：在此讀作「再」，指記錄、登錄。
4橫世界：以空間橫向分布，加以繪製地圖。
5尤悔菴：其人介紹請見本書〈編者導讀〉文章。
6顧天石：本名顧彩，字天石，號夢鶴居士，江蘇無錫人。擅長創作戲曲劇本，孔尚任的劇本《小忽雷》，就是由顧天石填詞的。其他戲曲作品有《大忽雷》、《後琵琶記》等等。

◆**尤悔菴**5**評點**：普天下所行者，混沌世界也。

天底下之人所行走其上的，是個晦暗不明的世界。

◆**顧天石**6**評點**：吾嘗思天上之天堂，何處築基？地下之地獄，何處出氣？世界固有不可思議者！

我曾經思考過，天上的天堂在哪裡建造地基？地底下的地獄在哪裡排放空氣？世界上一向都存有著人所無法了解的事情啊。

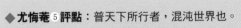

白話翻譯

史官所記錄的，是以時間縱向來排列的歷史事件；職方官員所記載的，是以空間橫向地圖收錄的地域風貌與四方貢物。

賞析

史官記錄的是歷史事件，各朝代的興衰與歷史人物的事蹟，他以時間爲主軸，按事情發生的時間先後順序加以記錄，是屬於直向的延伸，因此說是直世界。職方官員則畫出一國之地圖，並登錄各藩屬國所進貢的貢品，他按空間地域來記載，是屬於橫向的延展，因此說是橫世界。

而無論直世界還是橫世界，都是觀看世界的一種角度——看直世界，能了解歷史發展演變的進程，以及朝代興衰交替的變遷。看橫世界，能了解各地的地理位置，以及各地域的地形風貌，進而了解不同地域的風土民情。無論什麼角度均有其優點及盲點，最好能參照配合著看，才有可能了解世界的全貌。

看世界、看人世、看生活，角度殊異，饒有興味——只怕不去看，而不是看不懂；最怕不放開心胸去看，而時時事事看不開。

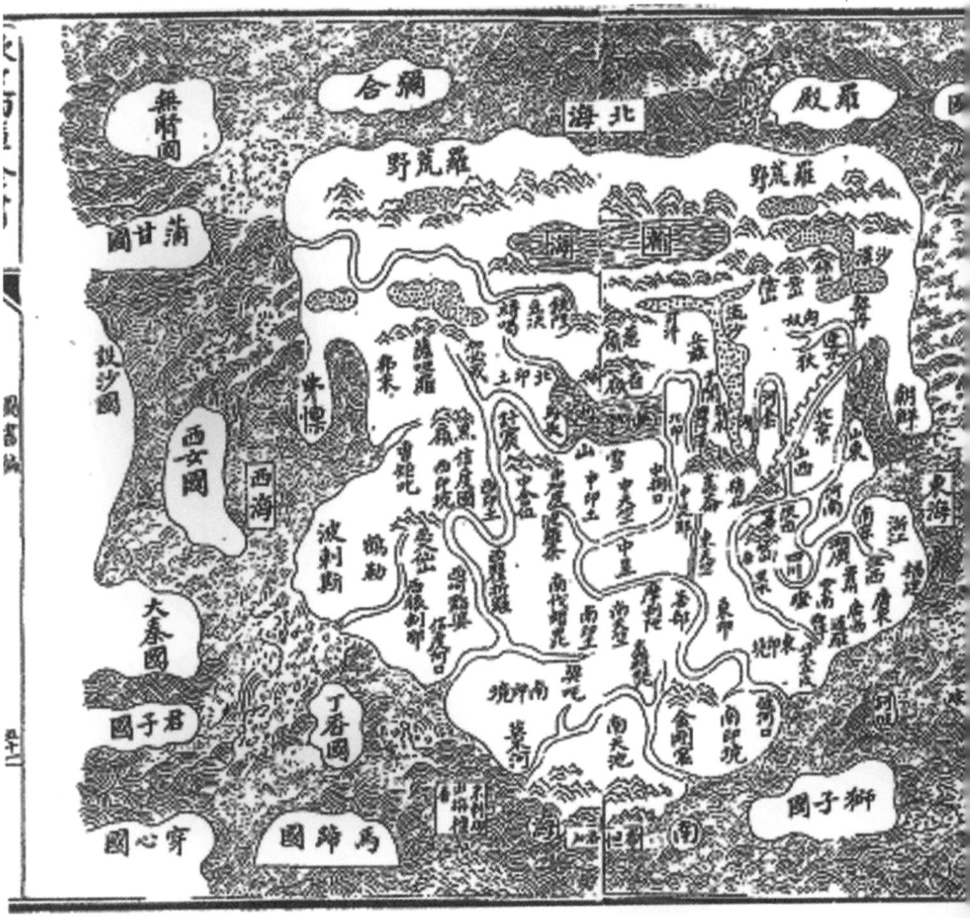
北海
羅殿
羅荒野
羅荒野
滿甘國
西女國
西海
東海
朝鮮
大秦國
丁香國
君子國
穿心國
馬蹄國
獅子國

先天八卦

先天八卦①，豎看者也；後天八卦②，橫看者也。

1 先天八卦：遠古皇帝伏羲所制定的八卦，即乾、坤、離、坎、震、巽、艮、兌，排列而成一個八角形，方位為「乾上坤下」。巽，讀作「訓」。艮，讀作「根」的四聲。（八卦：是為代表陰陽消長的八種符號。古人透過對四周生活環境的細心觀察與體察，逐漸發展總結出陰陽、八卦、五行等概念，進而構成一完整的中國哲學系統觀念，以此解釋宇宙萬物生成，進而推演出空間時間、人事禍福之間的關係。）

2 後天八卦：周文王演於八卦的基礎之上重卦，重新排列組合衍生成六十四卦，這個時候變成了「離上坎下」。

3 吳街南：本名吳肅公（一六二六年至一六九九年），字雨若，號晴岩，一號逸鴻，別號街南，清初安徽宣城人。明末諸生，滿清入主中原後，不入朝為官，改以賣字與行醫為生，晚年多病。著有《明語林》、《雲間雜記》、《街南文集》等書。

4 錢目天：生平不詳。

白話翻譯

先天八卦圖，看時間縱向的發展；後天八卦圖，看空間橫向的關係。

◆**吳街南③評點**：橫看豎看，皆看不著。

橫著看，直著看，都看不到。

◆**錢目天④評點**：何如袖手旁觀？

那麼，袖手旁觀地立於一旁看，怎麼樣？

賞析

《周易．說卦》云：「天地定位，山澤通氣，雷風相薄，水火不相射，八卦相錯。」這句話是伏義先天八卦圖制定的原理，意思是說——乾爲天在上，坤爲地在下，位置固定；艮爲山、兌爲澤，都同樣受到了天氣陰晴變化的影響；震爲雷、巽爲風，這兩者相互接近；坎爲水、離爲火，這兩者互不相干涉往來；八卦位置互相交錯組合。

乾爲天在上，坤爲地在下，以天地定尊卑，由上往下看，所以張潮說，這是直著看。

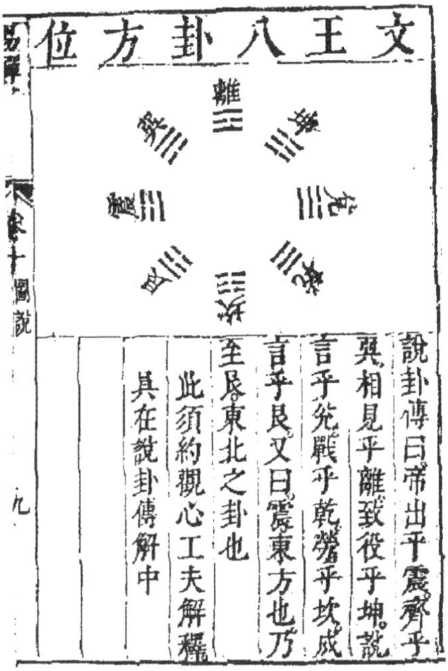
文王八卦方位
離
坤
兌
乾
坎
艮
震
巽
說卦傳曰帝出乎震齊乎巽相見乎離致役乎坤說言乎兌戰乎乾勞乎坎成言乎艮又曰震東方也乃至艮東北之卦也
此須約觀心工夫解釋
具在說卦傳解中

《周易．說卦》云：「帝出乎震，齊乎巽，相見乎離，致役乎坤，說言乎兌，戰乎乾，勞乎坎，成言乎艮。」這句話是文王後天八卦圖的制定原理，大意是說——象徵春天的震，是萬物開始萌生的季節；象徵立夏的巽，使萬物劃一生長；象徵夏至的離，使萬物各自呈現不同樣貌；象徵立秋的坤，完成了讓萬物生長的使命；象徵秋天的兌，是萬物成熟的季節；象徵立冬的乾，陰陽交互感應；象徵冬天的坎，使萬物凋零回歸自然；象徵立春的艮，使萬物又開始滋長。這段文字透過《周易》八卦，論述天地四季循環交替，所以萬物才得而蓬勃生長，且周而復始，生生不息。

張潮之所以說橫著看，是因爲震象徵雷，春天春雷萌動，萬物開始滋長，代表春天，震卦位在東方；兌象徵澤，有降雨之象，秋天陰雨綿綿，代表秋天，位在西方。震與兌東西相對，因此說是橫著看。

張潮觀看事物的角度極有創意、也深具開放性，此篇與前篇文章兩相呼應，使人驚喜，引人深思。

（編按：本書編註者曾珮琦此篇賞析文字，參酌了中央大學中國文學研究所楊自平教授的詮釋，特此說明。）

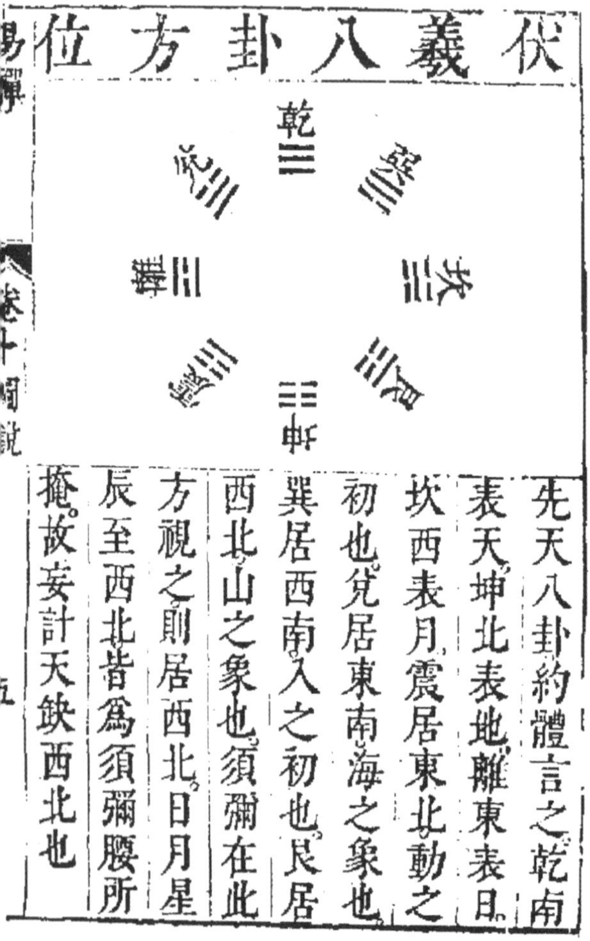
伏羲八卦方位

先天八卦約體言之。乾南表天。坤北表地。離東表日。坎西表月。震居東北。動之初也。兌居東南。海之象也。巽居西南。入之初也。艮居西北。山之象也。須彌在此方視之。則居西北。日月星辰至西北。皆爲須彌腰所掩。故妄計天缺西北也。

易禪　卷十　圖說　五

藏書不難

藏書不難，能看為難；看書不難，能讀為難；讀書不難，能用為難；能用不難，能記為難。

1 洪去蕪：本名洪嘉植，字去蕪，號秋士，清代安徽歙縣（歙在此讀作「社」）人。著有《大陸堂集》。

2 王端人：生平不詳。

3 張竹坡：本名張道深，其人介紹請見本書〈編者導讀〉文章。

白話翻譯

收藏書籍並非難事，能夠拿出來看才難；看書並非難事，能夠精讀讀懂才難；讀書並非難事，能夠加以應用才難；能夠應用並非難事，能夠牢記著學以致用之理才難。

◆**洪去蕪 1 評點**：心齋以能記次於能用之後，想亦苦記性不如耳。世固有能記而不能用者。

心齋先生把牢記放在應用之後，想來是為記性不如人所苦吧。而這世上確實有記性極好、卻不知如何加以應用之人。

◆**王端人 2 評點**：能記、能用，方是真藏書人。

能記住之、能應用之，才是真正的藏書之人。

◆**張竹坡 3 評點**：能記固難，能行尤難。

能記住固然很難，能牢記著加以實踐應用，更難。

賞析

會想要買書來收藏的人，大致可分爲兩種人——一種是讀書人，眞心喜歡閱讀的人；另一種是有錢人，買來當做收藏品，讓自己看起來具備文化氣息，或做爲炫耀財富的象徵（有些孤本的善本書價格非常高，普通人根本買不起）。對於讀書人來說，因爲藏書甚多，所以買了未必有時間一一翻看閱讀；對於有錢人來說，把書當成收藏品珍藏，要特地拿出來看更是難，所以張潮才說，收藏書籍容易，眞正有時間、有興趣拿出來翻閱才難。

看書，對於識字的人來說，是件容易的事，但看了未必能讀懂。所以不僅是要願意看書，還要能夠讀懂書中所講述的道理，這又是一難。而就算能讀懂書中道理，也未必能夠在生活中應用，如果不能活用，那麼書本裡的知識終究是死的，無法讓人在生命裡予以實踐，這麼一來，就算書中道理再深奧玄妙，對我們的生命終究毫無裨益。

可就算能夠活用書本裡的知識，即知即行地在讀完當下馬上去做、去實踐，可是過沒幾天又將曾經習得的書本知識丟在一旁，沒有持續地加以應用之，好讓這些知識眞正內化到自己的生命裡，如此一來，又回到了依然故我的生命狀態，讀書也是枉然無用。

說了這麼多讀書的益處，似乎給人一種讀書全是爲了實用的目的而讀，別無其他。但回到初心吧，做許多事還是得有好奇心、有興趣才能持續地做下去，閱讀尤爲如此。

【92】藏書不難

求知己於朋友易

求知己於朋友易，求知己於妻妾難，求知己於君臣則尤難之難。

1張竹坡、江含徵：張竹坡，本名張道深；江含徵，本名江之蘭；兩位文人的介紹，請見本書〈編者導讀〉文章。

白話翻譯

在朋友之中尋找知己容易，在妻妾之中尋找知己困難，在君臣之中尋找知己難上加難。

賞析

志同道合的人才能成爲朋友，所以在這些人之中尋找懂得自己心聲的知己比較容易。古代男子娶妻納妾都是透過媒人介紹，所娶之人未必與自己脾性、興趣相合，所以要在伴侶關係中尋找知己較爲困難。

◆**張竹坡評點**：求知己於兄弟亦難。

在兄弟之中尋找知己，也很難。

◆**江含徵**[1]**評點**：求知己於鬼神則反易耳。

於典型在夙昔的鬼神之中尋找知己，反而容易。

在君臣關係中，君主有權力有威勢，臣子面對君主時會忌憚其權勢，深怕說錯一句話或做錯一件事，會被貶官降職，因此往往對君主隱藏自己內心眞實的想法，進而揣度君主的心意。而對於君主來說，則必須時時刻刻提防臣子謀權篡位，也不敢將自己的心意加以透露，《韓非子·主道》曾說道：「**君無見其所欲，君見其所欲，臣自將雕琢。**」這句話的意思是——君主不要將自己的喜好表現出來，一旦顯露出自己的眞心實意，臣下就會爲了討好君主而逢迎諂媚。君臣關係在這種心理攻防戰中一向顯得緊張，如此一來，君臣之間的心意自無法互通，所以說，在君臣關係之中尋找知己是最難的。

是以，人與人之間能相識相交相知相惜，如此緣分當眞得之不易，也無法強求。謝天，敬人，也愛人。

何謂善人

何謂善人？無損於世者則謂之善人。何謂惡人？有害於世者則謂之惡人。

1江含徵：本名江之蘭，其人介紹請見本書〈編者導讀〉文章。

白話翻譯

什麼叫善人？對這個世間無害的，就能稱爲善人。什麼叫惡人？對這個世間造成了傷害的，就是惡人。

賞析

張潮曾在《幽夢影》第三則小品文提過善、惡的概念（無善無惡是聖人、善多惡少是賢者、善少惡多是庸人，有惡無善是小人，有善無惡是仙佛），如果對照他在這則文字中，與「對人世是否造成了傷害」有關的善人、惡人定義來看，那麼似乎就連顏回、子路，也立刻從賢

◆**江含徵1評點**：尚有有害於世而反邀善人之譽，此實為好利而顯為名高者，則又惡人之尤。

還有一種人，對世人有害，卻能得到善人的美名，他們貪財愛利，還故作清高以博美名，這種人，是惡人中最壞的。

者變成了惡人。然而，張潮的意思眞是如此嗎？

如果先撇開「無損於世或有害於世」不看，或可把文中的「善人」解讀成美好之人，把「惡人」解讀成醜陋之人，如此一來，在第三則裡的顏回與子路將能繼續安心做賢者，普通尋常人如我們也可以繼續做庸人，而不至於莫名其妙變成了對社會對人世做了壞事的惡人。

因此，這一則的評點家江含徵所言（還有一種人，對世人有害，卻能得到善人的美名，他們貪財愛利，還故作清高以博美名，這種人，是惡人中最壞的），也能得到更進一步的理解。他的意思應指，有的人貪財愛利，卻也不忘行些善以沽名釣譽，讓自己名利雙收；而這樣的人在他看來，是面目極爲醜陋的「惡人」。可實際上，這樣的人就未必眞是作奸犯科的惡人，也許是離我們有點遠又不會太遠的庸人一類。

張潮的心緒，其實是極嚴苛而多思的，他一方面以「無損於世或有害於世」這般看似黑白絕對的行爲角度來定義人的善惡，另一方面又不忘以相當於擴大解釋的「美好之人或醜陋之人」概念來統括人的面目、心態，因此可說，無論是由外到內或由內到外，犯法爲惡之人或內在鄙陋之人全成了他眼中的惡人，而凡庸如我輩有誰不曾在心中飄過一絲邪念或鄙念呢，是人就會有人性，只是我們永遠有選擇該如何去應對它，甚至昇華它。

有工夫讀書

有工夫讀書，謂之福；有力量濟①人，謂之福；有學問著述，謂之福；無是非到耳，謂之福；有多聞直諒②之友，謂之福。

1濟：救助。
2多聞直諒：多聞，學問淵博、見多識廣。直，正直、正派。諒，誠懇、可靠。
3殷日戒：本名殷曙（一六二四年至？年），字日戒，號竹溪，清代安徽歙縣（歙在此讀作「社」）人。原是張潮父親張習孔的門人，後亦和張潮交情不錯。著有《竹溪雜述》等書。
4儆：讀作「警」，警覺、警戒。
5李水樵：本名李淦（一六二六年至？年），字若金，一字季子，號水樵、荔園等，清初江蘇興化人。為南明舉人，極為博學，性喜山林。著有《礪園集》、《燕翼篇》等書。

白話翻譯

有時間讀書，可說是有福氣的人；有能力幫助別人，可說是有福氣的人；有學問能著書立說，可說是有福氣的人；沒有

◆**殷日戒③評點**：我本薄福人，宜行求福事，在隨時儆④醒而已。

我本身是個福薄之人，應隨時戒慎提醒自己，做些添福之事。

◆**李水樵⑤評點**：五福駢臻固佳，苟得其半者，亦不得謂之無福。

這五種福氣都擁有當然極好，若只能得一半，也不能說是沒有福氣。

聽到別人談論是非，可說是有福氣的人；擁有見多識廣、正派且誠懇可靠的朋友，可說是有福氣的人。

賞析

張潮在這裡指出有五種有福氣的人——第一種有福氣的人，是有空閒讀書的人。讀書是需要閒暇才能做的事，以現代人來說，工作已占用了絕大部分時間，僅剩的一點休閒時間，又往往因爲太累而不想讀書。讀書，其實是件奢侈的事，需要在精神狀態良好下閱讀，才能細細品味書中深意，否則即便能擠出零碎時間，也往往沒了精力，只想讓腦袋放空。

第二種有福氣的人，是有能力幫助別人的人。能夠幫助別人，代表自身經濟還算寬裕，才有多餘錢財救濟貧窮的人。每個人行善的動機與目的不同，就結果論來看，能讓需要的人得到幫助，對行善之人來說也不啻達到了一種被人需要的滿足感。

第三種有福氣的人，是有學問能夠撰寫著作、流傳後世的人。在古代，並不是每個人都能受教育，受了教育又願意花時間鑽研學問，培養累積自己的學術涵養，在學術上有自己獨到的見解，將之撰寫成書。因此，張潮深知這樣的人也是有福之人。

第四種有福氣的人，沒有聽到別人談論他人是非。人們都喜歡把別人的醜聞當成茶餘飯後的話題，對於有修養的文人來說，談論別人的醜聞是不道德的，即便是聽到這些閒言碎

語，都會令人感到厭煩。因此，最好的情況是，耳根清靜，聽不到這類談論他人是非的言論。

第五種有福氣的人，是指擁有品格高尚的朋友。典故出自《論語・季氏》篇，孔子評點：「友直，友諒，友多聞，益矣。」是指擁有見多識廣、正派又可靠的朋友，而這對我們的人生大有助益，不容易走偏，正所謂「見賢思齊」，便是這個道理。

人莫樂於閒

人莫樂於閒，非無所事事之謂也。閒則能讀書，閒則能遊名勝，閒則能交益友1，閒則能飲酒，閒則能著書，天下之樂孰大於是！

1 益友：指前一則所提到的「有多聞直諒之友」，意即孔子曾提到過的「益者三友」（《論語・季氏》）。

2 黃交三：本名黃泰來，字交三，一字竹舫，號石閭。江蘇泰州（今江蘇東臺）人，曾跟隨孔尚任到北京做過幕僚。

3 止：做到、達致。

4 尤悔菴：其人介紹請見本書〈編者導讀〉文章。

白話翻譯

人最大的快樂莫過於閒，這並非指什麼都不做。有閒暇才能讀書，有閒暇才能遊覽風景名勝，有閒暇才能結交有益的朋友，有閒暇才能喝酒，有閒暇才能寫書；天底下，還有什麼快樂比閒來得更大呢？

◆**黃交三2評點**：「閒」字前有止3敬功夫，方能到此。

「閒」字的前提是謙恭端謹，才能到達這種境界。

◆**尤悔菴4評點**：昔人云「忙裏偷閒」，閒而可偷，盜亦有道矣。

古人說「在忙碌之中，偷一點空來做快樂的事」，既然空暇也能偷，那麼不光是偷盜，做任何事都能有點講究。

賞析

正所謂「偷得浮生半日閒」，在工作之餘要擠出空閒是很不容易的，「閒」字看似輕鬆，實則奢侈，也因此張潮所說的「閒」，並非終日無所事事，而是懂得利用閒暇去做自覺有意思或有意義之事。

他在這裡舉出五種閒暇時可做的事——

第一種是讀書。所謂「開卷有益」，讀書可以吸收新知識新觀點，了解古往今來及眼下發生的事，甚至有機會讓我們看到更多人性的故事。

第二種是遊覽名勝。名山勝水多在遙遠偏僻的地方，古代交通不便，前往大自然需要花費的時間更長，若無空閒是沒有辦法做到的。就算是現代人，要去旅遊也通常得花時間計畫，或是挑對時間、避開人潮。

第三種是結交有益的朋友。廣泛結交各行各業的益友，能讓人開拓心胸與視野，培養洞悉世情的同理心靈。然而，結交朋友自然需要參加一些活動，參加活動當然也得有空閒才能去做。

第四種是飲酒。喝酒需要細細品嘗，所以得有空閒才能小酌一番。當然，有的人喜與友朋歡飲，邊飲酒邊暢談，經常一個晚上就過去了。

第五種是著書立說。寫書需要參考許多資料，且需耗費大量時間去謀篇佈局，而且必須在精神良好且能靜下心來時才能專心寫書，所以也只能在閒暇時去做。

文章是案頭之山水

文章是案頭之山水，山水是地上之文章。

1李聖許：生平不詳。

白話翻譯

文章是書桌上的山水，山水是地面上的文章。

賞析

要想寫出一篇好的文章，是需要精心巧思去謀篇佈局的，如同錦繡山河位置擺設要恰到好處的道理一樣。再者，文句低回吟詠，如同溪水潺潺；文章氣勢慷慨激昂，如同山勢跌宕起伏，景色壯麗，所以說，文章是放在書桌案頭上的山水，一點也沒錯。而自然山水的景色，若以讀文章的角度看，也同樣錦繡斑斕，無論是低窪的山谷、高聳的峻嶺，或是開闊的原野，都能給

◆**李聖許**1**評點**：文章必明秀，方可作案頭山水；山水必曲折，乃可名地上文章。

文章必須明朗秀麗，才能做書桌上的山水；自然山水必須曲麗有致，才能稱之為地面上的文章。

人蕩氣迴腸之感。

文章是人爲創作的藝術結晶，既能透過文字描繪外在的景物風貌，亦能抒發作者心中的眞情實感，是具有美感的人爲創作。而自然山川景物風貌，是大自然鬼斧神工的結果，並非透過人爲有心的安排，這樣壯麗奇妙的景色，全爲天成。

文章與山水雖然都能予人美感的體驗，然而文章是人有心有爲的刻意創作，山水卻是天地無心無爲的動人極品。

平上去入

平上去入[1]，乃一定之至理。然入聲之為字也少，不得謂凡字皆有四聲也。世之調平仄[2]者，於入聲之無其字者，往往以不相合之音隸於其下。為所隸者，苟無平上去之三聲，則是以寡婦配鰥夫[3]，猶之可也；若所隸之字自有其平上去之三聲，而欲強以從我[4]，則是干有夫之婦矣，其可乎？

姑就詩韻[5]言之，如東、冬韻[6]，無入聲者也，今人盡調之以東、董、凍、督。夫督之為音，當附於都、睹、妒之下；若屬之於東、董、凍，又何以處夫都、睹、妒乎？若東、都二字俱以督字為入聲，則是一婦而兩夫矣。三江[7]無入聲者也，今人盡調之以江、講、絳、覺，殊不知覺之為音，當附於交、絞、教之下者也。諸如此類，不勝其舉。

然則如之何而後可？曰：鰥者聽其鰥，寡者聽其寡，夫婦全者安其全，各不相干[8]而已矣。

（「東、冬、歡、桓、寒、山、真、文、元、淵、先、天、庚、青、侵、鹽、咸」諸部[9]，皆無入聲者也。

（「屋、沃」內，如禿、獨、鵠、束等字，乃「魚、虞」韻內，都、圖等字之入聲；卜、木、六、僕等字，乃「五歌」部之入聲；玉、菊、獄、育等字，乃「尤」部之入聲；

（「三覺、十藥」，當屬於「蕭、肴、豪」；「質、錫、職、緝」，當屬於「支、微、齊」。「質」內之橘、卒，「物」內之鬱、屈，當屬於「虞、魚」；「物」內之勿、物等音，無平上去者也；

（「訖」、乞等，「四支」之入聲也。「陌」部，乃「佳、灰」之半、開、來等字之入聲也。「月」部之月、厥、闕、謁等，及「屑、葉」二部，古無平上去，而今則為中州韻[10]內，車、遮諸字之入聲也。

（伐、髮等字，及「曷」部之括、适[11]，及「八黠」全部，又「十五合」內諸字，又「十七洽」全部，皆「六麻」之入聲也。「曷」內之撮、闊等字，「合」部之合、盒數字，皆無平上去者也。若以「緝、合、葉、洽」為閉口韻[12]，則止當謂之無平上去之寡婦，而不當謂之以侵、寢、緝、咸、喊、陷、洽也。）

1 平上去入：漢語字音的四個聲調，古時稱為平聲、上聲、去聲、入聲。
平聲聲調，分成「陰平、陽平」，即現今國音中的「一聲、二聲」。
上聲聲調，上讀作「賞」，即現今國音中的「三聲」。
去聲聲調，即現今國音中的「四聲」。
入聲聲調，短而急促（近似閩南語、臺語等方言的某些發音），現今國音已無此聲調，故古時的一些入聲字都被歸入了其餘三個聲調之中。

2 平仄：平是平聲聲調，指音調聽起來平直的字。仄（讀作「責」的四聲），是仄聲聲調，上聲、去聲、入聲皆是。
古代做詩詞及駢文時講究聲律，字音須平仄交替著使用，如此，唸起來、聽起來才會和

◆**石天外[13]評點**：中州韻無入聲，是有夫無婦，天下皆成曠夫世界矣。

中州韻沒有入聲聲調，這是有丈夫而無妻子，全天下都成了單身漢的世界了。

諧，此為「調平仄」的意思。

3 鰥夫：讀作「關」，妻子過世或年老無妻之人。

4 強以從我：強行將之歸入其中。我，在此讀作「噁」，為代名詞「之」的意思。

5 詩韻：填詞作詩時須押韻，古代有聲韻方面的韻書（唐宋有《廣韻》，元朝有《韻府群玉》《中原音韻》等），可供查閱什麼字被歸類在什麼韻部，而後加以遵循使用。

6 東、冬：這兩個韻部，被歸類在平聲聲調的「上平聲調」裡。

7 三江：即下文所提的「江、講、絳」。江，是「上平聲調」的字。講，是「上聲聲調」的字。絳，是「去聲聲調」的字。

8 干：干涉。

9 諸部：此處列舉的是「平聲聲調」裡的一些韻部。其中，歡、桓二字屬於「寒」這個韻部；山，屬於「刪」這個韻部；淵、天二字屬於「先」這個韻部。

（編按：前面提過，平聲聲調可分為陰平、陽平，在古時音韻韻書中，因平聲聲調收錄的字特別多，所以分為上下兩冊，是以，陰平即上平聲調，陽平即下平聲調。）

10 中州韻：又稱為「中原音韻」（請參見元代周德清《中原音韻》），分為十九個韻部，此體系的韻部沒有入聲字，過往的入聲字都被分別歸到陰平、陽平、上聲、去聲之中。後來，有許多戲曲都承繼了此聲韻傳統。

11 曷、适：曷，讀作「何」。适，讀作「瓜」。

12 閉口韻：聲韻學中，以「雙唇音」收尾的韻母，如m、b等。

13 石天外：本名石龐（一六七一年至一七〇三年），字天外，號晦村學人，又號天外生。清代太湖（今屬安徽）人。在文學上頗有造詣，尤長於戲曲，著有傳奇《因緣夢》、《後西廂》等等。

白話翻譯

平上去入這四個聲調一直都在，有它一定的道理。然而入聲字較少，因此並不是所有的字都具備四個聲調。世上研究平仄聲韻的人，往往會把聲調不相干的字，歸到某個沒有入聲字的韻部裡。這個被納進去某韻部的字，如果本來就沒有平上去三個聲調，那就是把寡婦許配給鰥夫，還算行；可如果這個字原本就有平上去三個聲調，卻強行被納到某韻部之下做入聲字，這無異冒犯了人家有夫之婦，這麼做行嗎？

這裡姑且以做詩詞所用的詩韻來談一談——比如說，東、冬韻部是沒有入聲字的，可如今有人安排成了東、董、凍、督。而「督」的字音，理當在都、睹、妒底下，如果把它歸給東、董、凍，又該如何處置都、睹、妒這些字呢？而如果東、都這兩個韻部，都把「督」當做入聲字，那就是一個女人許配給兩個丈夫了。又比如，三江這三個韻部都沒有入聲字，如今有人安排成了江、講、絳、覺。這怎麼會不知道，「覺」的字音應當被歸在交、絞、教底下呢！像這樣的例子，不勝枚舉。

那麼，該怎麼安排才合適呢？我說：鰥夫就做一輩子的鰥夫，寡婦就做一輩子的寡婦，已經是夫妻的就讓他們安心做夫妻，各過各的，別多加干涉就行了。

（「東、冬、歡、桓、寒、山、眞、文、元、淵、先、天、庚、青、侵、鹽、咸」這幾個上平聲調的韻部，都沒有入聲字。

（「屋、沃」這兩個入聲聲調韻部裡的「禿、獨、鵠、束」等字，被派做「魚、虞」這兩個上平聲調韻部中，「都、圖」等字的入聲字；「屋、沃」裡的「卜、木、六、僕」等字，則被派做「歌」這個下平聲調韻部的入聲字；「屋、沃」裡的「玉、菊、獄、育」等字，則被派做「尤」這個下平聲調韻部的入聲字。

（「覺、藥」這兩個入聲聲調韻部，被歸類到「蕭、肴、豪」這三個下平聲調韻部；「質、錫、職、緝」這四個入聲聲調韻部，則被歸到「支、微、齊」這三個上平聲調韻部。「質」這個入聲聲調韻部裡的「橘、卒」二字，以及「物」這個入聲聲調韻部裡的「鬱、屈」二字，都都被歸到「虞、魚」這兩個上平聲調韻部之中；不過，「物」韻部裡的「勿、物」等字，本來就沒有平聲、上聲、去聲字就是了。

（原爲入聲聲調的「訖、乞」等字，則被派做「支」這個上平聲調韻部的入聲字。「陌」這個入聲聲調韻部，則被派做「佳、灰」這兩個上平聲調韻部中，「半、開、來」等字的入聲字。「月」這個入聲聲調韻部裡的「月、厥、闕、謁」等字，以及「屑、葉」這兩個入聲聲調的韻部，以前就沒有平聲、上聲、去聲字，如今則被當作「中州韻」裡，「車、遮」這兩個韻部的入聲字。

（「伐、髮」等字（原屬於「月」這個入聲聲調），括、适二字（原屬於「曷」這個入聲聲調），以及「黠」這個入聲聲調韻部裡所有的字，還有「合」這個入聲聲調韻部裡的一些字，還有「洽」這個入聲聲調韻部裡所有的字，都被派做「麻」這個下平聲調韻部的入聲字；其中，「曷」韻部裡的「撮、闊」等字，「合」韻部裡的「合、盒」這幾個字，本來就都沒有平聲、上聲、去聲字。如果從閉口韻的本質來看「緝、合、葉、洽」這四個入聲字，那它們就只能被當成沒有平聲上聲去聲字的寡婦，而不該被強行派給「侵（下平）、寢（上聲）、緝、咸（下平）、喊（上聲）、陷（去聲）、洽」這幾個字。）

賞析

在這篇小品文，張潮討論的是中國聲韻學範圍的問題，主要論述若遇到沒有入聲字可用的情況，能否以相近的音來挪用。在古代，只有填詞做詩之人才會遇到這個問題，以做詩來說，詩人需依照詩韻來押韻，而由於語音變遷的緣故，詩韻中收錄的許多字，以現今讀法來說其實是不押韻的，因此寫古詩必須以詩韻做為用韻準則，而非以現今對字音的讀法做依據準則。而若不做詩詞、寫韻文，那麼此一問題是不存在的。

語言會隨著時代而改變，語言、文字是約定俗成的，也就是，大家都習慣這麼用或這麼唸，久而久之就變成了常法。隨著時代的變遷，字的音讀也可能會改易，舉個例子來說，閩南語是上古音，依據清代錢大昕所提出的「古無輕唇音」的理論，閩南語是沒有「非、敷、奉、微」這些音的，只有「幫、滂、並、明」，若遇到非母字，則以幫母字取代；而廣東話屬於中古音，就有「非、敷、奉、微」這些音。而現今的中文，則沒有仄聲字，只有平聲字。

儘管如今華人說的寫的都是白話文，我們不需要多加了解聲韻，但能藉此文一窺古代文人雅士張潮對音韻借字的看法，亦極有意思。他能想到以鰥夫寡婦、強奪人婦、一女事二夫如此入世的形象來做喻，實在是一絕，當眞是妙哉之人。

《水滸傳》是一部怒書

《水滸傳》是一部怒書，《西遊記》是一部悟書，《金瓶梅》是一部哀書。

1江含徵：本名江之蘭，其人介紹請見本書〈編者導讀〉文章。
2朱其恭：本名朱慎，字其恭，號菊山，住在揚州，擅長作詩，性情豪放不拘小節。

白話翻譯

《水滸傳》是一部抒發官逼民反的憤怒之書，《西遊記》是一部參禪悟道的書，《金瓶梅》是一部哀傷世情的書。

賞析

明末馮夢龍將《水滸傳》、《三國演義》、《金瓶梅》、《西遊記》四部章回小說評定為「中國四大奇書」。張潮在這則小品文中，獨缺《三國演義》沒有品評。

◆**江含徵①評點**：不會看《金瓶梅》，而祇學其淫，是愛東坡者，但喜喫東坡肉耳。

看不懂《金瓶梅》、只學書裡縱慾貪歡的人，就如同喜愛蘇東坡、可卻只是喜歡吃東坡肉的人罷了。

◆**朱其恭②評點**：余謂《幽夢影》是一部趣書。

我說《幽夢影》是一部有趣的書。

《水滸傳》描述了以宋江爲首的綠林好漢，被逼得走投無路而起義造反的故事，書中宣洩了對於朝廷官府的不滿，所以說，是一部發洩憤怒的書。

《西遊記》是根據玄奘大師前往西方取經的故事改編，加入中國神話的色彩，敘述了唐三藏前往取經的途中，陸續收了孫悟空、豬八戒和沙悟淨等人爲徒，而這三名徒弟各有神通——孫悟空性格頑劣，但對唐三藏忠心耿耿，時常進諫良言，可反被誤解；豬八戒喜好美色、好吃懶做，時常被妖精所迷惑，而使唐三藏陷入險境。唐三藏這個角色則耳根子軟，雖然看似慈悲其實無主見，所以常聽不進孫悟空的忠言。有人說《西遊記》象徵了朝廷的君臣現象，唐三藏象徵皇帝，對於忠言充耳不聞；孫悟空象徵忠臣，向君主勸諫反而被誤解；豬八戒爲佞臣，時常向君主諂媚，陷害忠良。但張潮這裡品評道《西遊記》是一部悟書，固然書中蘊含參禪悟道之理，但亦有諷刺昏庸君主的意味在其中，亦能令人領悟官場的黑暗，以及身爲忠臣的無奈。

《金瓶梅》是一部世情小說，即描寫世俗人情的故事。作者描寫西門慶放蕩淫逸的生活，譜寫出人性的墮落，最終西門慶縱慾過度而亡。本書有大量男女歡愛細節的描述，故而被人當作淫書看待，其實，作者乃藉著性愛的描寫以達警醒世人的功效。張潮品評說《金瓶梅》是一部哀書，大體是對人性的驕縱奢侈，以及沉溺於男女肉體歡愉的墮落生活，感到悲哀。

【99】《水滸傳》是一部怒書

讀書最樂

讀書最樂，若讀史書則喜少怒多，究之怒處亦樂處也。

1張竹坡：本名張道深，其人介紹請見本書〈編者導讀〉文章。
2陸雲士：本名陸次雲，字雲士，浙江錢塘（今浙江杭州）人，拔貢生，擔任江蘇江陰知縣等官職。著有《澄江集》、《北墅緒言》。

白話翻譯

讀書是件最快樂的事，但讀的若是史書，則喜悅之情少、憤怒之情多，歸根究柢，這讓人憤怒的地方也正是快樂的地方。

◆**張竹坡①評點**：讀到喜怒俱忘，是大樂境。

讀書讀到歡喜與憤怒兩忘，才是最快樂的境界。

◆**陸雲士②評點**：余嘗有句云：「讀《三國志》，無人不為劉；讀《南宋書》，無人不寃岳。」第人不知怒處亦樂處耳。怒而能樂，惟善讀史者知之。

我曾經說過一句話：「讀《三國志》，沒有人不站在劉備那一邊；讀《南宋書》，沒有人不替岳飛感到冤屈。」但人們不知道的是，憤怒的地方也是快樂的地方；又憤怒，又讓人快樂，只有能讀懂史書的人才知道。

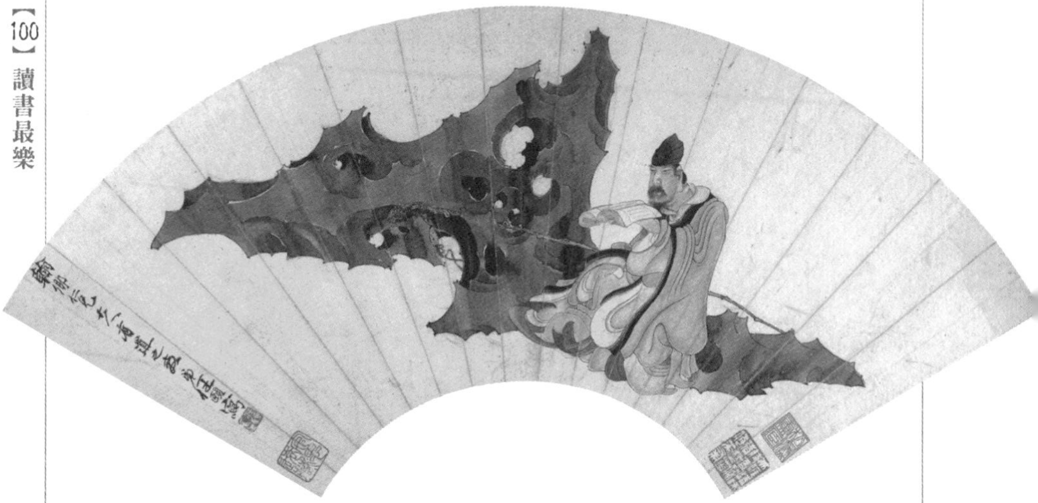

賞析

讀書是一件既快樂又享受的事情，能夠沉浸在書中的世界，可以獲得新知，又能得到娛樂。然而，史書乃記錄了各朝代的興衰交替，以及帝王后妃、臣子等歷史人物的事蹟。張潮所指的令人憤怒的地方，其中之一可能是臣子爲了竄權奪位而弒君，而這樣的事件在春秋戰國時代最多，例如：春秋時代的齊莊公與臣子崔杼的妻子私通，崔杼得知此事後心懷怨恨，找到一個機會把莊公給殺了。歷史上還有奸臣爲了鞏固自己的權位，不僅把持朝政，還殺害了忠良，例如：宋代的宰相秦檜陷害岳飛，導致他被殺害之事。

史書記載了許多不忠的臣子與不賢君主的事蹟，這些事件往往讀之令人氣憤，但歷史就像一面鏡子，我們可以憑藉它得知朝代的興衰與人性的黑暗，並且引以爲鑑，所以深究其中的道理，即便是讀史書，也是值得歡喜的一件事。

發前人未發之論

發前人未發之論，方是奇書；言妻子難言之情，乃為密友。

1畢右萬：畢三復，字右萬，清安徽歙縣（歙在此讀作「社」）人，著有《樅亭近稿》。樅，讀作「聰」，冷杉的古稱。

白話翻譯

發而爲前人未曾發表過的議論，才能稱得上是奇書；能讓人說出連對妻兒都難以道出口的事情，才能稱得上是密友。

賞析

讀書人最有成就感之處，就是能闡發前人沒有發表過的見解，這代表了超越前人而有所創新，是值得驕傲的地方，正所謂「前修未密，後出轉精」（清代章炳麟《國故論衡》）。前人的研究成果固然值得參考借鑑，然而總

◆**畢右萬**1**評點**：奇書我卻有數種，如人不肯看何？

這類奇書我倒是有好幾種，假若他人不願意看該怎麼辦？

有前人沒注意到的地方，經過後人的鑽研推敲，注意到了前人疏漏之處，進而提出更精闢的觀點；張潮認爲，只有這樣的書才稱得上是奇書。我們可以看出，張潮十分重視文章要能創新，若是不能創新，只是說些陳腔濫調，那麼這樣的書亦無可觀之處。

而對張潮來說，能稱得上密友的人，是要能說些連對妻子、家人都難以言說的心緒。的確，人與人之間要相處得好極不容易，家人之間有血緣的羈絆自然是有著天大的緣分才能在這人世相聚一場，然而換個角度想，正因爲有血緣的關係，所以我們無法選擇家人，家人很多時候就是家人罷了，而無法做眞正的朋友。因此我們結交朋友，我們擇友，親疏遠近、點頭赤誠，時移勢轉，出於生活經驗與世事磨練，每個人心中對朋友好友密友的標準也經常微調著。無論你有哪一種朋友，只要能讓你舒服以對地相處，就是當下最合適的朋友。

一介之士

一介之士①，必有密友。密友不必定是刎頸之交②，大率③雖千百里之遙，皆可相信，而不為浮言所動；聞有謗之者，即多方為之辯析而後已；事之宜行宜止者，代為籌畫決斷；或事當利害關頭，有所需而後濟者，即不必與聞，亦不慮其負我與否，竟④為力承其事。此皆所謂密友也。

1 一介之士：即一個平民百姓，此指一個普通人。一介，指小草，比喻卑微的人，自謙之詞。

2 刎頸之交：即生死至交，能與之共患難、同生死的朋友。刎，讀作「穩」，用刀割喉嚨、脖子。

3 大率：大概、大致。

4 竟：直接。

5 殷日戒：本名殷曙（一六二四年至？年），字日戒，號竹溪，清代安徽歙縣（歙在此讀作「社」）人。原是張潮父親張習孔的門人，後亦和張潮交情不錯。著有《竹溪雜述》等書。

6 石天外：本名石龐（一六七一年至一七〇三年），字天外，號晦村學人，又號天外生。清代太湖（今屬安徽）人。在文學上頗有造詣，尤長於戲曲，著有傳奇《因緣夢》、《後西廂》等等。

◆**殷日戒⑤評點**：後段更見懇切周詳，可以想見其為人矣。

後段更能看見誠懇細膩之情，足可想見張先生的為人了。

◆**石天外⑥評點**：如此密友，人生能得幾個？僕願心齋先生當之。

這樣的密友，人生能有幾個？我希望能有心齋先生做這樣的密友。

白話翻譯

一個人一定會有親密的朋友。密友不一定要是生死至交，大抵是——即使相距千里之遙，也能夠無條件地信任，不會因爲流言蜚語而有所猜疑；聽到有人誹謗他，就會想方設法加以辯護，直到事情澄清才罷手；遇事時，什麼該做，什麼不該做，都能代爲謀劃決斷；事當緊要關頭之時，若需花錢周旋，便在無須讓他知道、也不去顧慮自己會否被辜負的情況下，直接替他承擔起這件事。這就是所謂的密友。

賞析

正所謂「千金易得，知己難求」。人生在世若能尋得一位知己，那眞可謂是死而無憾。張潮這裡說的密友，即是知己。他對密友的定義有四——

第一，彼此絕對信任。無論聽到什麼流言蜚語，也無論兩人相隔多遠，都不會對對方產生懷疑與猜忌。

第二，絕對要維護朋友。聽到他人不實的謠言、中傷，會毫不遲疑地爲對方辯護，找出事情的眞相，一定得澄清謠言才會作罷。

第三，朋友遇到麻煩，能爲他出謀劃策，替他解決問題。

第四，不惜耗費金錢與心力替朋友解決問題。如果是需要花錢才能解決的問題，不僅會不吝花錢周旋，也不一定會讓朋友知道，以免朋友心懷愧疚或者日後思量報答；甚且這一切的作爲，都是在不去考慮朋友日後是否會辜負自己的情況下，毫不猶豫地就替他擔起此事。

這種密友簡直是理想中的完美人物。朋友之間是互相的，你希望別人爲你赴湯蹈火，無條件付出，你也得隨時有如此回報對方的心意與心志才行。況且，要彼此信任，這也是互相的，不能一廂情願地希望別人無條件信任你，你卻對人心存猜忌。張潮在這裡只列出了他對密友的看法與要求，倒是沒有特別談論自己對密友的付出與回報。

風流自賞

風流自賞，祇容花鳥趨陪；真率誰知，合[1]受烟霞供養。

1合：應該。
2江含徵：本名江之蘭，其人介紹請見本書〈編者導讀〉文章。
3東坡有云：語出蘇東坡的小短文〈書臨皋亭〉：「東坡居士酒醉飯飽，倚於几上。白雲左繚，清江右洄，重門洞開，林巒岔入。當是時，若有思而無所思，以受萬物之備，慚愧！慚愧！」

白話翻譯

品格高潔孤芳自賞，只許花鳥相隨陪伴；直爽坦率誰能了解，應當寄託於山林水色。

賞析

這則小品文指出，品德才華兼具的人往往行事孤高和寡，而心志坦直率眞的人往往容易遭誤解或傷了人而不自知，這樣的人都有他們不擅長與人相處的

◆**江含徵[2]評點**：東坡有云[3]：「當此之時，若有所思而無所思。」

蘇東坡曾說過：「在這個時候，心中似在思忖著什麼，又像沒思忖著什麼。」

一面，也比較不易被世俗之人所接納。

風流才子往往心高氣傲，正如曹丕在《典論・論文》中所說：「文人相輕，自古而然。」在古代，有才華的人，總以爲自己才氣過人，普天之下無人能與他匹敵，所以當然看誰的作品都覺得不如自己，甚至認爲無論是誰寫作文章都該拿來求他批評指教一番。然而，每個寫作文章的人，就算文采有高下優劣，人人對自己的作品都有相當的自信，誰能接受被人批評指責？所以自命文采卓越的人，注定只能孤芳自賞，很可能只有花鳥與他作伴，因爲花鳥無心，即便被批評指責也不會傷感，被讚嘆也不會感到愉悅。

而坦直率眞的人沒有心機，不會去算計他人，但這樣的人往往有話直言，不考慮他人的感受，心裡有什麼想法就說什麼樣的話，雖然誠實令人敬佩，卻也容易得罪人。是以這樣的人，張潮認爲也許比較適合寄情於山水，與朝煙霞霧爲伴，而不適合留戀紅塵，否則終不被世俗所容，還可能會惹來殺身之禍。

萬事可忘

萬事可忘，難忘者名心1一段；千般易淡2，未淡者美酒三杯。

1名心：追求聲名的心情。
2淡：淡然。
3張竹坡：本名張道深，其人介紹請見本書〈編者導讀〉文章。
4王丹麓：本名王晫（一六三六年至?年，晫讀作「卓」），初名棐，字丹麓，號木庵，自號松溪子，浙江錢塘（今浙江杭州）人。明末諸生，隱居讀書，喜交友。喜刻書出版，與張潮合編《檀几叢書》。擅長寫作詩文，曾仿照《世說新語》體例寫了《今世說》。著有《遂生集》、《霞舉堂集》等書。

白話翻譯

萬事皆可忘，就是求取聲名的心難以或忘；什麼愛好都容易變得平淡，就是美酒三杯讓人淡然不了。

◆**張竹坡3評點**：是聞雞起舞，酒後耳熱氣象。

這是股聽到雞叫便起床舞劍的奮起氣概，是股酒意正濃大為酣暢的神氣。

◆**王丹麓4評點**：予性不耐飲，美酒亦易淡。所最難忘者，名耳。

我生性不勝酒力，美酒也容易淡忘。最難忘的只有名聲而已。

賞析

世人皆有追名逐利之心，讀書人考取功名是爲了在朝爲官，雖說對有些有理想抱負的人來說，做官是爲了造福百姓；但對於大多數的人來說，做官確實不外乎是爲了名利權勢。正如同清代曹雪芹在《紅樓夢．好了歌》中所說：「世人都曉神仙好，唯有功名忘不了，古今將相在何方，荒塚一堆草沒了。」這段話的大意是，世上的人都知道做神仙逍遙自在，卻忘不了追名逐利之心，自古以來那些名將賢臣在哪裡，不過成了一堆無人打掃的墳塚而已。所以，功名權勢終究虛幻，即便位極人臣，百年之後也得歸於黃土，到時候人走茶涼，就連後世子孫都未必記得前去祭拜，更何況是世人呢？

文人雅士總喜歡借酒助興，酒這種東西淺酌可以怡情，若是喝得太多，不但傷害身體健康，反倒「酒入愁腸愁更愁」，實在是不宜鼓勵。美酒佳釀，就如同瓊漿玉液一般，滋味令人難以忘懷，所以張潮說世上任何東西的魅力都容易變淡，可只有酒的滋味令人回味無窮。

芰荷可食

芰荷①可食，而亦可衣；金石②可器，而亦可服。

1芰荷：菱與蓮。芰，讀作「季」。
2金石：金銀與玉石。
3張竹坡：本名張道深，其人介紹請見本書〈編者導讀〉文章。
4濂溪：即周敦頤（一〇一七年至一〇七三年），字茂叔，宋道州營道（今湖南省道縣）人，著有《太極圖說》，是宋代理學的創始者，著名宋代理學大家程顥、程頤都是他的學生。世稱濂溪先生，卒諡元公。他喜愛蓮花，並著有〈愛蓮說〉散文一篇，以歌詠蓮花。
5王司直：本名王臬（臬讀作「孽」），字司直，清代秀水（今浙江嘉興）人，擅長詩畫，曾與手足王概、王蓍（蓍讀作「詩」）合編《芥子園畫譜》。

白話翻譯

菱角與蓮子可以吃，菱葉與蓮葉則可以裁製成衣服穿；金銀與玉石可以做成器具，也可以拿來服食。

◆**張竹坡③評點**：然後知濂溪④不過為衣食計耳。

由此可知，濂溪先生愛蓮花，也只是為了穿衣吃飯罷了。

◆**王司直⑤評點**：今之為衣食計者，果似濂溪否？

當今那些為了穿衣吃飯奔忙的人，都像濂溪先生那樣品行高潔嗎？

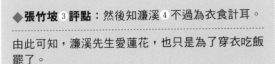

賞析

在《楚辭》中經常有詩人佩帶花草的描述，是以，香草象徵人格的高潔與不同流合汙的高尚節操。屈原《楚辭・離騷》說「製芰荷以為衣兮，集芙蓉以為裳」，這句話的意思是說，裁製菱葉與荷葉做爲上衣，蒐集芙蓉做爲下身穿的衣裙。張潮在這裡所說的「芰荷可食亦可衣」，應當繼承了屈原品行高潔之意。

金石可以做成器皿，像是古代以鼎、玉製成的器具都屬此類。道教煉製的丹藥也是以金石、水銀等作爲原料，其認爲服食金屬，就能像金屬一樣擁有金剛不壞之身，故能長生；服食水銀，則能像水銀一樣變化多端，練就變化的神通。但金石煉成的丹藥多具有毒性，服食不僅不能長生，反而還會毒發身亡。是以，大抵從隋唐那個時候開始，修行之人改換了方向，往往注重精氣神三寶的內丹術去修煉。有關內丹術的修行，可至第七十四則小品〈由戒得定〉對照參看。

宜於耳復宜於目者

宜於耳復宜於目者，彈琴也，吹簫也；宜於耳不宜於目者，吹笙也，擪[1]管也。

1擪：讀作「夜」，用手指輕輕按壓。同今「擫」字，是擫的異體字。
2李聖許：生平不詳。
3獅子吼：即河東獅子吼，比喻兇悍妻子對丈夫的怒罵聲。此為蘇東坡對友人陳季常悍妻柳氏的詼諧形容。柳姓是河東的名門大族，蘇東坡便以此代指柳氏。獅子吼，原指佛祖講經震響八方，而陳季常喜談佛，蘇東坡於是將這兩者相連結戲稱之。
4龐天池：即龐筆奴，生平不詳。

白話翻譯

悅耳又悅目的音樂演奏，是彈琴、吹簫；悅耳卻不悅目的演奏，則是吹笙、吹笛。

◆**李聖許[2]評點**：宜於目不宜於耳者，獅子吼[3]之美婦人也；不宜於目並不宜於耳者，面目可憎、語言無味之紈袴子也。

兇悍善罵的美婦，只悅目不悅耳；模樣讓人厭惡、言之無味的富家浪蕩公子，既不悅目也不悅耳。

◆**龐天池[4]評點**：宜於耳復宜於目者，巧言令色也。

悅耳又悅目的，是那花言巧語且滿臉堆笑。

賞析

這則小品文討論的是樂器演奏的美感體驗問題。張潮認為，既能夠讓人演奏出優美音樂，且表演動作又優雅動人的樂器，是琴和簫。彈琴，此處所指應當是古琴，因為古琴給人一種虛靜高雅的感覺，而彈奏古琴的人除了要有高超的技藝之外，還要有相當高的人格修養，才能彈奏出雅致清淡、動人心弦的樂音；而輕撫琴絃則能帶給人優美雅致的視覺感受。簫，聲音低沉哀傷，吹奏之人得有文人氣質涵養，一個簡單的音節似乎蘊含了天地萬物的奧妙在其中，吹奏時低頭頷首，予人內斂優雅之感。

至於笙與笛，張潮認為只適合聆聽、卻不適合在現場觀賞演奏。這兩者雖然與簫同屬管樂器，都是透過嘴巴吹奏，然而吹奏笛子與笙時不似簫那般低眉頷首，而得在吸氣吐氣之間鼓起兩腮，就像受驚的河豚那樣不斷鼓起身體，相比之下就顯得沒那麼優美雅致了。

但這只是張潮個人的審美觀感，審美體驗原本就是主觀的，沒有一定的標準。筆者倒是認為笛子演奏很是優美，橫著吹奏，給人一種古典優美之感，且笛子算是一種高難度樂器，需要長時間練習才能吹出動聽的樂曲，否則聲音嘈雜堪稱噪音。

看曉妝

看曉妝，宜於傅粉①之後。

1 傅粉：塗抹鉛粉。傅，亦可讀作「敷」，塗、擦、抹。粉，古代女子化妝用的白粉，也稱鉛粉、鉛華等。

2 黃交三：本名黃泰來，字交三，一字竹舫，號石閭。江蘇泰州（今江蘇東臺）人，曾跟隨孔尚任到北京做過幕僚。

3 水晶簾下看梳頭：此為詩句，出自唐代詩人元稹的〈離思〉五首之二。

4 龐天池：即龐筆奴，生平不詳。

白話翻譯

看女子早晨的妝容，適合在她抹了粉之後就看。

賞析

這則小品文談論的是欣賞女性之美。女人剛睡醒時，披頭散髮，臉色浮腫，憔悴無神，這個時候看起來就像是黃臉婆，即便

◆**黃交三②評點**：水晶簾下看梳頭③，不知爾時曾傅粉否？

在水晶簾外看女子梳頭，不知那時她塗了粉沒有？

◆**龐天池④評點**：看殘妝，宜於微醉後，然眼花繚亂矣。

殘妝，適合在稍有些醉意之後看，然而那時早已經頭昏眼花、心緒迷亂了。

是年輕貌美的女子，美貌也要大打折扣，這就是現今我們所說的素顏。然而女子經過梳洗打扮，塗抹胭脂水粉後，整個人容光煥發，即便是相貌平凡的女子，看起來也似絕代佳人。

但有意思的是，張潮顯然熟知女子化妝的步驟——第一步是抹粉，讓整張臉氣色變好、變白，之後才開始突顯五官的各種細節，待所有細節完成後，將會看到一張精心雕琢過的精緻妝容。然而，正因爲這樣那樣的描畫太過細緻銳利，所以張潮覺得欣賞美女的最佳時刻，是在第一步抹了粉之後，此時女子臉龐朦朦朧朧的，有股淡雅之感，一切都不會太刻意。

然而對筆者而言，女子最美的時刻應當是尚未經過人工雕飾、天眞自然之時，正如同李白詩中所謂「**清水出芙蓉，天然去雕飾**」，未經裝飾的出水芙蓉才是最美的，女子也是如此；塗抹胭脂水粉固然看起來美豔動人，卻是人爲裝扮後的結果，是虛假的，並非她眞實面貌，這就是爲什麼女子在卸妝後往往給人前後落差甚大之感。

我不知我之生前

我不知我之生前①，當春秋②之季，曾一識西施③否？當典午④之時，曾一看衛玠⑤否？當義熙⑥之世，曾一醉淵明⑦否？當天寶⑧之代，曾一覩太真⑨否？當元豐⑩之朝，曾一晤東坡⑪否？千古之上，相思者不止此數人，而此數人則其尤甚者，故姑舉之以概⑫其餘也。

1 生前：前世、前生。

2 春秋：指先秦時期，中國的春秋時代。

3 西施：春秋末年越國美女，姓施，後世用以借代為美人。家國覆滅的越王勾踐在吳國忍辱為奴三年，之後為雪恥復國，由范蠡獻計將西施送入吳宮，欲以美人計迷惑吳王，後事成，吳國被滅。

4 典午：指晉朝，晉帝姓司馬。典，掌理，與「司」同義；午，十二地支之第七，對應十二生肖中的「馬」。

5 衛玠（二八六年至三一二年）：晉代的美男子，從小就美，年幼時乘坐羊車至街道市集，引眾人圍觀，因而有「璧人」（指儀容美如璧玉）之稱。曾在朝為官，可體弱，僅得年廿七。

6 義熙：東晉晉安帝司馬德宗的年號（四〇五年至四一八年）。

7 淵明：即陶淵明（三六五年至四二七年），本名陶潛，字元亮，東晉潯陽柴桑（今湖北省黃岡市）人，為田園派詩人，著有〈歸去來辭〉、〈桃花源記〉等作品。他寫〈飲酒二十首〉之五「採菊東籬下，悠然見南山」一句，所令後人總將菊花與陶淵明聯想在一起。

8 天寶：唐玄宗李隆基的年號（七四二年至七五五年）。

9 覩太真：即楊貴妃，本名楊玉環（七一九年至七五六年），唐代蒲州永樂（今山西省永濟市）人。最初嫁給壽王瑁為妃，後來出家為女道士，號太真。入宮後，成為唐玄宗寵愛的妃子，喜歡吃荔枝，唐代杜牧〈過華清宮三絕〉，有「一騎紅塵妃子笑，無人知是荔枝來」的詩句。後安祿山叛亂，護駕禁軍行至馬嵬坡（嵬讀作「維」），兵變，軍士先後要求處死權臣楊國忠及其堂妹楊太真，逼得唐玄宗忍痛將楊貴妃處死。覩，是「睹」的異體字，看見之意。

10 元豐：宋神宗趙頊的年號（一〇七八年至一〇八五年）。

項，讀作「旭」。

11 晤東坡：即蘇東坡。本名蘇軾，字子瞻，號東坡居士。仕途不順，曾被宋神宗貶謫至黃州，處境艱難，卻性情瀟灑。文學造詣極高，詩、詞、文、賦、字、畫無一不精，對佛道也頗有研究，著有《東坡七集》《東坡集》《東坡詞》等書。晤，讀作「物」，見面。

12 概：總括、涵蓋之意。

13 王名友：生平不詳。

14 鄭破水：本名鄭晉德，字破水，清代安徽歙縣（歙在此讀作「社」）人，著有《三友棋譜》。

15 陸雲士：本名陸次雲，字雲士，浙江錢塘（今浙江杭州）人，拔貢生，擔任江蘇江陰知縣等官職。著有《澄江集》、《北墅緒言》。

白話翻譯

我不知道我的前世，是否曾在春秋時代識得西施？在西晉時代看過衛玠沒有？在東晉晉安帝時代，有沒有與陶淵明大醉過一場？在唐玄宗天寶年間，目睹過楊貴妃傾國傾城的容貌沒有？在宋神宗元豐年間與蘇東坡見過面嗎？古往今來，我所思慕的不僅這幾個人，但對這

◆**王名友⑬評點**：不特此也。心齋自云：「願來生為絕代佳人！」又安知西施、太真不即為其前生耶？

不只如此！心齋自己曾說過：「希望來世能生做絕代佳人！」又怎知西施、楊玉環不是他的前世呢？

◆**鄭破水⑭評點**：贊嘆愛慕，千古一情。美人不必為妻妾，名士不必為朋友，又何必問之前生也耶？心齋真情癡也。

即使時隔千古，讚嘆愛慕之情仍然是一樣的。美人不一定要是自己的妻妾，名士也未必要是自己的朋友，心齋先生真是個情癡啊。

◆**陸雲士⑮評點**：余嘗有詩曰：「自昔聞佛言，人有輪迴事。前生為古人，不知何姓氏？或覽青史中，若與他人遇。」竟與心齋同情，然大遜其奇快。

我曾做過這樣的詩：「自從聽聞佛陀說道時曾說『人世中有輪迴這件事』，便想前生做為古人，不知姓誰名何？也許曾在史書中見過，好似與他人相遇那般。」這份心情竟與心齋先生相同，只是遠遜於先生的妙奇爽快。

幾位思慕最甚，是以舉出他們來概括其餘的人。

賞析

這則小品文反映了張潮的聯想力，以及他對於才子佳人的愛慕之心。愛美之心人皆有知，歷史上的四大美女，西施、王昭君、貂蟬、楊玉環，張潮此處所舉就已經占了其二。衛玠雖爲男子，但容貌風采翩翩，亦令人神往不已。在《幽夢影》一書中，可常常見到張潮對美人的鑑賞與審美體驗，足見他對人物之美特別喜好；雖然生於清朝的他，未曾與歷史上的這些美女與美男子見上一面，但透過古書的記載更讓人增添遐想，也難怪他會特別傾慕了。

而張潮身爲一個文人，對於才華洋溢的文人雅士，心中生出孺慕之情也是自然。蘇東坡與陶淵明，則是他最想結識的兩位。蘇東坡除了多采才華讓人難以企及之外，被貶官的他心胸之無罣礙之豁達，更是讓人佩服神往；陶淵明除了詩名極高，更極爲安之若素，因厭惡朝政敗壞，便毅然而然歸隱田園，有顆世人都難以做到的恬淡之心。人性是，越是自己做不到的事，往往越羨慕、越佩服能做到的人，張潮亦如是。

歷朝歷代都有許多才子佳人，只因時代的隔閡，所以我們只能透過古書的記載來認識他們，想要一睹眞實的風采，怕是只能希冀前世，或者透過浮想連翩與他們相見了。

我又不知在隆、萬時

我又不知在隆、萬①時，曾於舊院②中交幾名妓？眉公③、伯虎④、若士⑤、赤水⑥諸君，曾共我談笑幾回？茫茫宇宙，我今當向誰問之耶？

1隆萬：指隆慶、萬曆。隆慶，是明穆宗朱載坖的年號（一五六七年至一五七二年）。萬曆，是明神宗朱翊鈞的年號（一五七三至一六二〇年）。坖，讀作「季」。

2舊院：明代的妓院，位於今南京。

3眉公：即陳繼儒（一五五八年至一六三九年），字仲醇，號眉公（也作麋公），又號白石山樵，明代松江府華亭縣（今上海市松江區）人。天資聰穎，風雅博學，擅詩文、書畫，自成一家。

4伯虎：即唐伯虎，本名唐寅（一四七〇年至一五二三年），字伯虎，以字行，號六如居士等，明代吳縣（今江蘇蘇州）人。著名畫家、文學家。

5若士：即湯顯祖（一五五〇年至一六一六年），字義仍，號海若、若士，晚號繭翁，別署清遠道人，室名玉茗堂。明代江西臨川縣（今江西撫州）人。著名的戲曲家。《牡丹亭》為其膾炙人口的戲曲之作，描述杜麗娘與柳夢梅感人的愛情故事，現代華文作家白先勇將之改編成青春版《牡丹亭》，曾於台灣的國家戲劇院公演。

6赤水：屠隆（一五四二年至一六〇五年），字長卿，一字緯真，號赤水，別號由拳山人、鴻苞居士等，明代浙江鄞縣（今浙江寧波）人。萬曆五年（一五七七年）進士，曾為官，被彈劾罷歸，後鬻文為生。著名文學家、戲曲家。著有《彩毫記》（傳奇）、《娑羅館清言》（小品集）、《由拳集》、《茶說》等書。

◆**江含徵⑦評點**：死者有知，則良晤匪遙。如各化為異物，吾未如之何也已。

死去的人若有知覺，那麼要想歡聚也並非遙不可及之事。如果死後各自變成其他異類，那我就不知該怎麼辦了。

◆**顧天石⑧評點**：具此襟情，百年後當有恨不與心齋周旋者，則吾幸矣！

百年之後，當會有人遺憾無法與抱有此等胸懷的心齋先生往來，我是何其幸運啊！

7江含徵：本名江之蘭，其人介紹請見本書〈編者導讀〉文章。

8顧天石：本名顧彩，字天石，號夢鶴居士，江蘇無錫人。擅長創作戲曲劇本，孔尚任的劇本《小忽雷》，就是由顧天石填詞的。其他戲曲作品有《大忽雷》、《後琵琶記》等等。

白話翻譯

我也不知如果生在明代隆慶、萬曆年間，曾在妓院結交過幾位名妓？陳繼儒、唐伯虎、湯顯祖、屠隆這幾位文人君子，曾與我一起談笑過幾回？在這茫茫宇宙裡，我該向誰詢問呢？

賞析

古代的文人雅士，都喜歡結交妓女，宋代的晏幾道就曾寫過《鷓鴣天》這樣一闕詞：「彩袖殷勤捧玉鍾，當年拚卻醉顏紅。舞低楊柳樓心月，歌盡桃花扇底風。」這裡的彩袖，指的是歌女，這幾句詞的意思是，她捧著玉製的酒杯，殷勤地向我勸酒，我為了她，喝到臉色都泛紅了。她的舞姿美妙，一直跳到樓頂的月亮往下沉落，不斷唱著動聽的樂曲，直到無力再搧動桃花扇。

裡頭描寫了文人與歌女相處的情形，對於文人來說誰都嚮往著有幾位紅粉知己，而這些紅粉知己往往不是大家閨秀出身，而是出身於風塵。古代的妓女多懂得吟詩作對，撫琴吹簫，常引來許多文人駐足妓院，願意把大把的銀子花在這些妓女身上。在古典詩詞中，不乏描寫文人與妓女相處的作品，張潮也羨慕這種生活，所以幻想若是生在明代，也許也能有幾位知心相交的名妓。

陳繼儒、唐伯虎、湯顯祖、屠隆這幾位則都是非常著名的文人雅士，他們在文學上的造詣非常高。唐伯虎點秋香的故事家喻戶曉，他不但有才華，且風流好色，這雖然是傳說故事未必是歷史事實，但可以看出古代文人對自我的期許——除了要有滿腹的才學之外，還要有幾位紅粉知己，這才算得上是快意人生。

文章是有字句之錦繡

文章是有字句之錦繡，錦繡是無字句之文章。兩者同出於一原[1]。姑即粗跡論之，如金陵[2]，如武林[3]，如姑蘇[4]，書林[5]之所在，即機杼[6]之所在也。

1原：根本、本原，源頭。
2金陵：南京市的別稱，位於今江蘇省。
3武林：今浙江省杭州市。
4姑蘇：今江蘇省蘇州市。
5書林：一指刻書之地或藏書之地，一指眾多文人學士雲集之處。
6機杼：即織布機，這裡代指紡織業。杼，讀作「住」，織布機上的部件。
7袁翔甫：生平不詳。
8若蘭：即蘇蕙（約三五七年至？年），字若蘭，東晉武功（在今陝西咸陽境內）人。生於縣令之家，才貌雙全，傳世之作是一幅以各色絲線繡製而成的回文詩織錦《璇璣圖》。

白話翻譯

文章是有字句的織繡品，織繡品是沒有字句的文章，兩者出自同一個源頭。粗略地姑且論之，就好比金陵、武林、姑蘇是人文薈萃之地，也是出產

◆**袁翔甫[7]評點**：若蘭[8]回文，是有字句之錦繡也；落花水面，是無字句之文章也。

蘇蕙的回文詩，是有字句的織繡品；落花飄於水面上，是沒有字句的文章。

織繡品的地方。

賞析

文章，本指擁有斑爛美麗花紋的絲織品，後來才引申爲文學作品。錦繡，指織錦刺繡，後世常以「錦心繡口」稱讚文人巧思精妙，用詞精到。可見，織錦刺繡與文辭章句之間本有共通之處。

它們之間巧妙的連結大體在於，無論是文章或織錦刺繡，都是人爲創作，前者是以文句段落形成一個篇章，文人覓得了合適的字詞文句來抒發自身的情思意志；後者則透過絲線與織布和刺繡者的巧思，織構出儼如視覺饗宴的織繡品，像幅畫作般觸動人的心弦。文章的最小構成元素是字，織繡品的最小構成元素是線，兩者皆由細小的元素構疊成一個完整的作品，所以說有異曲同工之妙。

予嘗集諸法帖字為詩

予嘗集諸法帖[1]字為詩，字之不複而多者，莫善於《千字文》[2]。然詩家目前常用之字，猶苦其未備。如天文之烟霞風雪，地理之江山塘岸，時令之春霄曉暮，人物之翁僧漁樵，花木之花柳苔萍，鳥獸之蜂蝶鶯燕，宮室之臺檻軒窗，器用之舟船壺杖，人事之夢憶愁恨，衣服之裙袖錦綺，飲食之茶漿飲酌，身體之鬚眉韻態，聲色之紅綠香豔，文史之騷賦題吟，數目之一三雙半，皆無其字。《千字文》且然，況其他乎！

◆**黃仙裳**[3]**評點**：山來此種詩，竟似為我而設。

山來先生的這種集字成詩做法，沒想到像是為我設置似的。

1 法帖：用以臨摹的名家書法字帖。

2 《千字文》：由南朝梁周興嗣（四六九年至五三七年）所撰。據說是南朝梁武帝為了教導諸王學習王羲之的書法，特命人從拓印王羲之的字跡共一千個不重複的字，又命大臣周興嗣將一千字連貫成一篇文章。他一夜編成，每四字一句，隔句押韻，以便於背誦，是古代用來教導兒童認字的啟蒙讀物。

3 黃仙裳：本名黃雲（一六二一年至一七〇二年），字仙裳，一字樵青，號舊樵、悠然堂等，清初江蘇泰州（今江蘇東臺）人。是為明末諸生，滿清入主中原後，不入朝為官。擅長詩畫，著有《悠然堂集》、《桐引樓詩》。與畫家石濤是朋友。

4 顧天石：本名顧彩，字天石，號夢鶴居士，江蘇無錫人。擅長創作戲曲劇本，孔尚任的劇本《小忽雷》，就是由顧天石填詞的。其他戲曲作品有《大忽雷》、《後琵琶記》等等。

白話翻譯

我曾蒐集許多書法字帖的字據以做詩，可字不重複、字數又多的，沒有比《千字文》更佳的了。然而目前常用的字，詩人們仍苦於不夠完備，像是天文類的煙霞風雪，地理類的江山塘岸，四季類的春霄曉暮，人物類的翁僧漁樵，花木類的花柳苔萍，鳥獸類的蜂蝶鶯燕，宮室類的臺檻軒窗，器用類的舟船壺杖，人事類的夢憶愁恨，衣服類的裙袖錦綺，飲食類的茶漿飲酌，身體類的鬚眉韻態，聲色類的紅綠香豔，文史類的騷賦題吟，數目類的一三雙半，這些字全都沒有。《千字文》尚且是這樣，其他的書帖就更不用說了！

◆**顧天石** ④ **評點**：使其皆備，則《千字文》不為奇矣。吾嘗於千字之外另集千字，而已不可復得，更奇。

假使其他字帖裡什麼字都齊備了，那麼《千字文》就沒有什麼奇特之處了。我曾在這千字之外另外蒐集千字，然已經沒法再得到新的字了，這讓它更顯奇特。

賞析

這則小品文所談論的是一種寫詩的方法，屬於文字遊戲的一種，就是將做一首詩所需要用到的字，僅從名家書法字帖中的用字去找尋，意即，限制用字來寫作一首詩。這麼一來，大幅增加了寫詩的難度，因為做詩原本已經有一定的格律規範，若再加上用字的限制，能構思出來的詩句未必是詩人想要表達的意思。

任何文學作品，都應以傳達作者的思想爲主，若是限制使用的字，對於技巧高超的人來說，自然不受影響；但對於初學者來說，則有可能出現文句不通順的詩作。總之，這種寫詩的方式，十分考較作者的功力，雖然讓做詩這件事變得有趣，卻也顯得太注重形式而忽略了詩作思想的傳達。

花不可見其落

花不可見其落，月不可見其沉，美人不可見其夭[1]。

1夭：讀作「咬」，指少壯時死去。
2朱其恭：本名朱慎，字其恭，號菊山，住在揚州，擅長作詩，性情豪放不拘小節。
3洵：讀作「巡」，確實、真的。
4豁：讀作「貨」的一聲，缺損、殘缺。

白話翻譯

花朵不可看到它的凋謝，月亮不可看到它的沉落，美人不可看到她的夭折。

賞析

花開花謝，月升月沉，都是自然的興衰現象。物猶如此，人也亦然，有生必有死，是人生不變的眞理。

◆**朱其恭**[2]**評點**：君言謬矣！洵[3]如所云，則美人必見其髮白齒豁[4]，而後快耶！

張先生這話可不對啊！若確實如您所說，那麼一定得眼見美人頭髮斑白、牙齒缺落，才會感到高興嗎？

然而，對於喜歡欣賞花、月、美人的張潮來說，當然希望能永遠留住這些人事物最美的那一刻，所以不希望看到凋零、沉落與死亡。可是這當然只是人的一種理想罷了，現實之中不可能會實現，但若要實現，以現代科技來說倒也不是不可能——花可以做成永生花，月已經能藉太空旅行前往了，美人也能藉著手術永保青春，但這些藉人力而逞的物事終非眞實，只不過是活在人想要的夢幻泡影裡而已。

種花須見其開

種花須見其開，待月須見其滿，著書須見其成，美人須見其暢適，方有實際，否則皆為虛設。

1王璞菴：生平不詳。

白話翻譯

種花必須見到花盛放，賞月必須見到月盈滿，寫書必須見到書完成，美人必得讓她心情舒暢才好看，這樣才有意義，否則皆是空談。

賞析

這則小品文承接了上一則來續談。

「種花須見其開」是因爲「花不可見其落」，所以種植花卉必須見到它開，等到它綻放盛開的那一刻，方能享受辛苦栽種的成就與喜悅。這也是

◆**王璞菴**1**評點**：此條與上條互相發明。蓋曰「花不可見其落」耳，必須見其開也。

這一條與上一條互相闡發。大概是說「花不可見其落」，看花要看它盛開的姿態。

呼籲大家要培養耐性，從植物發芽到成長茁壯，直到花開，都必須極其細心地照顧呵護，否則若是半途夭折，那就前功盡棄了。

「待月須見其滿」，是因爲「月不可見其沉」，長久的等待就是爲了觀賞月亮圓滿的那一刻，月圓極美，然而一個月只有十五那天才是月亮圓滿之時，所以要非常有耐性地等待一個月。

「著書須見其成」，寫書的目的是將自己的學問創見、心緒情志透過文字保存下來，所以得整本書寫完才算大功告成，如果寫到一半，半途而廢，那麼就毫無意義了。

至於怎麼「見」美人，這個部分就比較複雜些了，有人覺得應該耐心等待美人心情舒暢，才見她；有人則認爲，應該是平時就要去理解呵護愛護美人，好好地對待之，否則任何時候與美人相處的心情都會不美，良辰美景變噩夢一場。

而種花與愛美人，道理其實相差不遠，張潮自己便曾在《幽夢影》第三十二則如此說到——以愛花之心愛美人，則領略自饒別趣；以愛美人之心愛花，則護惜倍有深情。

惠施多方

惠施多方，其書五車①；虞卿②以窮愁著書。今皆不傳，不知書中果③作何語？我不見古人，安得不恨！

1惠施多方：譽稱惠施學問淵博，著書（也有人說是藏書）達五車之多，惠施（約西元前三七〇年至前三一〇年），戰國時代宋國人，他善於辯論，是為「名家」（學術思想流派九流十家之一，注重名實辨析、邏輯推論），與公孫龍並為此學派代表人物，與莊周是好友。著作多已亡佚，其言論行為的記載見於先秦諸子典籍之中。其書五車：明末清初馮夢龍在白話小說集《醒世恆言》中，首以「學富五車」一語，形容人博學多聞。

2虞卿：名不詳，東周戰國時代人，卿為官職。遊說之士，由此得任趙國宰相，後為搭救魏國宰相魏齊，棄相職逃亡，受困梁國，窮困著書，著有《虞氏春秋》，已佚。

3果：確實。

4顧天石：本名顧彩，字天石，號夢鶴居士，江蘇無錫人。擅長創作戲曲劇本，孔尚任的劇本《小忽雷》，就是由顧天石填詞的。其他戲曲作品有《大忽雷》、《後琵琶記》等等。

5倪永清：生卒年不詳，法名超定，清代松江（在今上海市境內）人。

◆**顧天石④評點**：古人所讀之書，所著之書，若不被秦人所燒盡，則奇奇怪怪，可供今人刻畫者，知復何限？然如《幽夢影》等書出，不必思古人矣。

古人所讀、所寫的書，設若沒被秦始皇焚書燒光，那些稀奇少見、可供今人刻版印刷的書籍，不知有多少？然而像《幽夢影》這樣的書一問世，就不必去遙想古人了。

◆**倪永清⑤評點**：有著書之名，而不見書，省人多少指摘！

有著書立說的聲名，可看不到其所寫的書，省下了多少讓人批評指責的麻煩。

白話翻譯

惠施學問淵博，著作可用五輛牛車來裝載；虞卿則在窮困愁苦的景況下著書立言。可這些書都沒有流傳下來，眞不知道書中都寫了些什麼？沒法讀到這些古人的著作，叫我怎能不感到憾恨呢？

賞析

人，通常都會對處境與自己相似之人有所投射。張潮是文人，更是愛書人，他愛讀書、愛編書、愛刻書，也愛藏書，因而像惠施與虞卿這樣古遠以前的戰國時代文人，他也同樣遙遙傾慕，並為了無法讀到他們的著作而遺憾。虞卿逃亡至別的國家，過得極為愁苦困頓，但仍不忘寫書；此一經歷與張潮相似，張潮科舉不第，未能求得塵世功名，也依然寫書刻書，似與虞卿有同病相憐之感。惠施是個學富五車的讀書人，是為名家的代表人物，討論的學問範疇十分有趣，而張潮自身學問根柢亦深厚，因此與惠施頗有惺惺相惜之感。

所謂名家，討論的並非人生哲理，而是辨析事物名相和事理的同異之處，這是屬於邏輯分析的命題，著重在名稱與事實是否相符，而進行考究。例如：同為名家代表人物的公孫龍曾提出的「離堅白」，又稱為「堅白石」，其所論述的是，當我們認識到一塊白色的石頭時，它同時具有白色與堅硬兩種特性。通常，我們認識外在事物是透過視覺、聽覺、嗅覺、味覺、觸覺等五感官知覺去經驗，當我們看到這塊石頭是白色時，是透過眼睛去看；當我們摸到這塊石頭是堅硬的時候，是透過手去摸。因此，說這塊石頭是白色且堅硬的時候，是分別由視覺與觸覺來感知，而這兩者並不存於一個感官知覺之中，所以說是「離堅白」。

有關名與實相不相符，張潮自己也在這本書的第七十則〈延名師訓子弟〉中稍有談論，其文友評點家的見解亦頗嗆辣，不妨前往一觀。

以松花為糧

以松花為糧①，以松實為香②，以松枝為麈尾③，以松陰為步障④，以松濤為鼓吹⑤。山居得喬松百餘章⑥，真乃受用不盡。

1 松花為糧：據稱松樹的花，食之可潤心肺、益氣，還可釀酒。

2 松實為香：松樹的果實含脂，有香味，可做松脂、松香，可供照明。

3 麈尾：用麈的尾毛製成的拂麈，可驅蟲撣塵，後成為文人隨身的雅器。麈，讀作「主」，即駝鹿、四不像。

4 松陰為步障：以松樹的綠蔭，做為阻擋風沙或視線的屏障。陰，讀作「印」，通「蔭」，遮蔽之意。

5 鼓吹：原為軍中音樂。

6 喬松百餘章：喬松，高大的松樹。章，此為量詞，「株」之意。

7 施愚山：本名施閏章（一六一八年至一六八三年），字尚白，號愚山，又號蠖齋，晚號矩齋，明末清初江南宣城縣（今屬安徽省）人。為順治六年（一六四九年）進士，曾任翰林院侍讀等職，一直在朝為官。文章醇厚雅致，詩風溫柔敦厚，在東南詩壇稱雄數十載，號「宣城體」，並與順治四年進士、亦享文名的宋琬齊名，有「南施北宋」之譽稱。著有《學餘堂文集》二十八卷、《學餘堂詩集》五十卷等。

8 江含徵：本名江之蘭，其人介紹請見本書〈編者導讀〉文章。

9 石天外：本名石龐（一六七一年至一七〇三年），字天外，號晦村學人，

◆**施愚山⑦評點**：君獨不記曾有松多大蟻之恨耶？

您不記得曾經對「松樹上大螞蟻太多」感到憾恨嗎？

（編按：施公所言，是指張潮在《幽夢影》第廿七則提及的十大憾恨之一——五恨松多大蟻」。）

◆**江含徵⑧評點**：松多大蟻，不妨便為蟻王。

松樹多大螞蟻，不妨就做個蟻王。

又號天外生。清代太湖（今屬安徽）人。在文學上頗有造詣，尤長於戲曲，著有傳奇《因緣夢》、《後西廂》等等。

白話翻譯

用松樹的花做爲糧食，用松樹的果實做香脂，用松樹的枝條做拂塵，用松樹做遮風屏障，聽風吹過松林的松濤樂音。住在山裡如能種有上百株松樹，箇中好處當眞享用不盡。

◆**石天外**⑨**評點**：坐喬松下，如在水晶宮中，見萬頃波濤總在頭上，真仙境也。

坐在高大松樹下，如同在水晶宮中，見到萬丈綠濤在頭上翻滾，真是人間仙境啊。

賞析

張潮曾經說過「百年之計種松」，足見他是以一種慢悠的等待之心去看待松樹的長成與壯大。樹長大了，甚至有百棵以上就能形成一片松樹之海，用浪漫的心情去感受，就能聽到風吹拂而過的松濤之聲，好不優哉游哉。而從實際面看，松花能食能入酒，松實能做香脂，成排松樹還能讓人乘涼遮蔭或安心避雨，有松相伴，好處眞不少。

張潮是個極爲講究美感之人，他愛月，愛花，愛美人，他愛這些裊裊婷婷人事物的美好，是以，在《幽夢影》裡很少見他在文章中激賞松樹這種樹形盤虯的硬派大自然造物。人是複雜的，文人更是細密而多思，看來，張潮愛朦朧不可得之美，也不忘欣賞松樹這滿是人間實用氣味的強韌之美。

柳亭

梅柳色をう
つの
のやき凝や
根をのして
千代紙の露

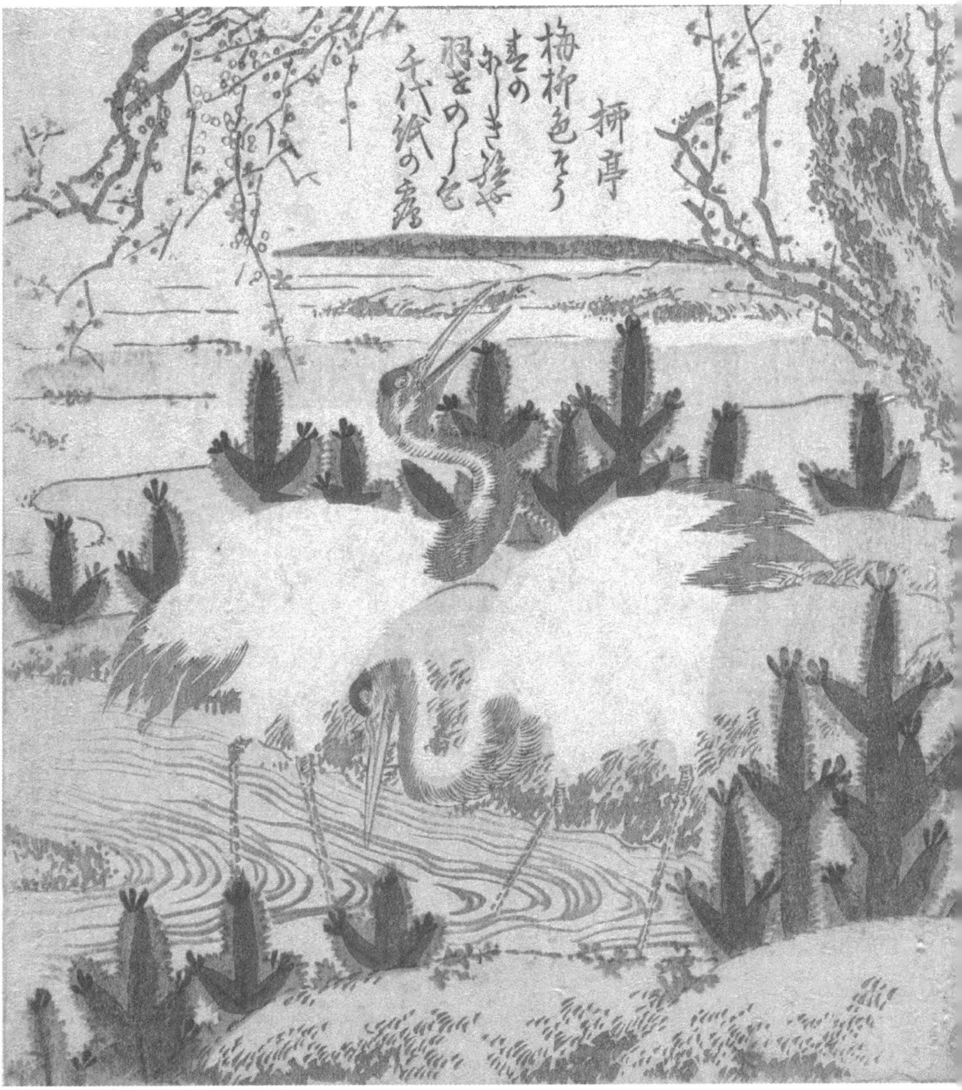

玩月之法

玩月之法，皎潔則宜仰觀，朦朧則宜俯視。

1 孔東塘：即孔尚任，其人介紹請見本書〈編者導讀〉文章。
2 三昧：指竅門、精要之處。

白話翻譯

賞玩月色的方法是，月色皎潔時，適合仰望明月；月色朦朧時，適合低頭俯瞰大地。

◆**孔東塘**①**評點**：深得玩月三昧②。

深得賞玩月色的訣竅。

賞析

張潮喜歡賞月，對於賞月，他自有一套審美觀察與體驗。他說，月色皎潔的時候，適合抬頭望月，看明月高掛在漆黑的天際，無比空靈，天上人間彷彿只剩你與月娘對望。再者，明月當空，可以清楚地觀賞月色，有時飄來幾朵雲，有時風一吹雲又散了，月的姿態別具風情。此外，在不同的時間點觀月，看月亮或上升或沉落，亦有其趣。

月色朦朧的時候，張潮認爲不適合抬頭賞月，因爲看不清楚。此時反倒應該找個制高點低頭俯視，看著迷濛的月光灑落在大地上，如水光一般清涼，如許朦朧，讓人深覺這人間大地既幽微又迷離。

孩提之童

孩提①之童，一無所知。目不能辨美惡，耳不能判清濁②，鼻不能別香臭，至若③味之甘苦，則不第④知之，且能取之棄之。告子以甘食悅色為性⑤，殆⑥指此類耳。

1孩提：需要人懷抱、扶持的嬰幼兒。
2清濁：一指人說話發音時聲帶顫動與否的清音濁音，一指音樂上清亮或重濁的聲音；皆與聽力有關。
3至若：至於提到。
4不第：不僅、不但。
5告子以甘食悅色為性：告子，戰國時代人物，儒家墨家的學問都鑽研，與孟子同時，主張人性無善無不善，之所以有善人與惡人之分乃受到後天環境的影響。曾與孟子辯論過「人的本性」，對話內容收錄在《孟子‧告子上》，告子在裡頭提到了「食色，性也」。
6殆：大概、或許。
7王子直、袁翔甫：皆生平不詳。

◆**王子直評點**：可以不能者，天則聽其不能；不可不能者，天即使之皆能。可見天之用心獨周至。若告子之所謂食色，恐非此類。以五官之嗜好，皆本於性也。

不能做到的，是上天讓他做不到；不能做不到的，上天就讓他都能做到。可見上天用心特別周到。至於告子所說的食色性也，恐怕不在此類之中，乃因眼耳鼻口身等五官之喜好，皆出自於人的本性。

◆**袁翔甫⑦評點**：於禽獸又何異焉。

那，我們人類與禽獸又有什麼分別呢？

白話翻譯

嬰幼兒什麼都不知道。眼睛分辨不出美醜，耳朵判別不出清音濁音，鼻子嗅不出香味臭味。至於論及味道的甜與苦，則不但知道，而且還能依自身喜好來要或不要。告子認爲喜歡吃甘美的東西、喜歡美色是人的本性，指的大概就是這個。

賞析

春秋戰國是諸子百家學說興起的時期，這是源於周公所制定的禮樂制度並無法約束人類的野心與行爲，諸侯無不想要取周天子而代之，可見當時人心之腐敗與墮落。禮樂制度徒有其名，而無其實，所以當時許多學者都對人性的觀點提出自己的看法。主張性善論的孟子，與主張性無善惡的告子，便有了一連串精彩的辯論，這些辯論可見諸於《孟子・告子》。

張潮這則小品文，正是引用了告子其中的一個看法。告子說：「食色，性也。仁，內也，非外也；義，外也，非內也。」（《孟子・告子上》）這句話的意思是，喜歡吃美食與愛好美色，是人的本性。仁心，是由我的內在發出的，並非是從外面強加在我身上的；義，是外在的行爲規範，不是由內心發出的。告子所說的「食色，性也」，指的是，人的本性會順從自己的生理慾望——每個人都喜歡吃好吃的食物，喜歡看美麗的東西，而厭惡難吃的東西，討厭醜陋的事物。但這與嬰幼兒無法分辨美醜善惡是不同的，他們之所以無法分辨美醜善惡，是因爲感官還沒有發展完全，並不是說他們缺乏分辨的能力。

然而也有研究者指出，告子口中的「色」，指的其實是性事。畢竟，就連孔子也曾說過：「飲食、男女，人之大慾存焉。」（禮記・禮運）難怪這個世間，古往今來，在任何地方一定會有美食與饕客這樣的組合，而且不分男女，有志一同地朝美食大慾前行。

凡事不宜刻

凡事不宜刻①，若讀書則不可不刻②；凡事不宜貪③，若買書則不可不貪；凡事不宜癡，若行善則不可不癡④。

1 刻：嚴厲苛刻。
2 刻：刻苦、認真。
3 貪：貪心。
4 癡：喜歡某種事物而沉迷其中。
5 余淡心：即余懷，其人介紹請見本書〈編者導讀〉文章，本書亦收錄了其為《幽夢影》做的序。
6 張竹坡：本名張道深，其人介紹請見本書〈編者導讀〉文章。

白話翻譯

對所有事情都不該太苛刻以求，若是讀書則不能不刻苦；對所有事情都不該太貪心，若是買書則不可不貪心；對所有事情都不該太沉迷，若是做善事則不可不沉迷。

◆**余淡心⑤評點**：讀書不可不刻，請去一「讀」字，移以贈我，何如？

讀書不能不刻（苦），請去掉「讀」字，轉贈給我，怎麼樣？

◆**張竹坡⑥評點**：我為刻書累，請並去一「不」字。

刻印書籍使我疲累，請一併去掉一個「不」字。

（編按：張潮的兩位文友接連改寫張潮的文句，詼諧表露自己心跡。）

賞析

凡事過猶不及都是不好的，對待別人若是太過嚴厲苛刻，就容易與別人站在對立面，引起別人的反感，原意是想把事情做好，卻反而把事情弄糟。至於在金錢或物質方面，也不該太貪心，因爲能夠賺取的金錢是有限的，能夠購買的東西自然也是有限的，唯有心中的慾望是無窮無盡的，如果放任慾望不去克制，那麼就可能會生出歪斜的、投機的念頭，而後做出難以挽回的事。是以，對所有事都不應太過沉迷，沉迷得過了頭、越了界，從此面對所有事心中再也沒有準繩可言，什麼都無可無不可，整個人從此空蕩蕩的，心便開始漂泊。

張潮雖義正詞嚴地說了「不宜刻、不宜貪、不宜癡」這三件大道理，但在大道理底下又開了三道奇妙的但書小門，那就是——如果說到讀書，那可一定要對自己刻苦些、勤奮些；說到買書，因爲得讓勤於讀書的自己有書可讀，所以必須貪心不手軟地買；說到行善，那不一定跟出錢有關，很可能是出力，不妨說，當一個人眞正走進了對他人有益的行列裡，且與之站在同一條陣線上，同苦同樂，那麼心眞的會快樂得無可自拔，而深深沉迷其中。

酒可好不可罵座

酒可好不可罵座1，色可好不可傷生2，財可好不可昧心，氣可好3不可越理。

1好：讀作「浩」，做動詞，喜、愛。罵座：辱罵在座的人，即發酒瘋。

2傷生：指縱慾過度，沉迷美色。

3好：此處則為行使、使用之意。

4袁中江：本名袁啟旭，字士旦，號中江，安徽宣城人。擅長作詩與書法，著有《中江紀年詩集》。

5灌夫使酒：灌夫，字仲孺，西漢人。為人勇猛剛直，好飲酒，酒後常罵人。在朝為官，酒後誤事辱罵了宰相田蚡（讀作「焚」），而遭彈劾，被斬首（誅連家人）。

6文園病肺：文園，是西漢漢武帝時期知名詞賦家司馬相如（西元前一七九年至前一一七年）的代稱。園令，漢代看守皇帝陵寢的官員，因司馬相如曾看守漢文帝的陵墓，故有此稱。司馬相如患有消渴症，即糖尿病。

7昨夜南塘一出：語出南朝宋劉義慶《世說新語．任誕》，這部收錄了東漢至東晉期間軼事瑣語的書提到，東漢名將祖逖（二六六年至三二一年，逖讀作「替」）曾與門下賓客行劫富濟貧之舉，不只一次在夜裡到當時富豪聚集的南塘（指秦淮河南岸）劫掠。

8馬上挾章臺柳歸：典出《太平廣記．柳氏傳》（亦名《章臺柳》），為許堯佐所作之傳奇小說。活躍於唐代宗大曆年間（七六六年至七七九年）的詩人韓翃（讀作「宏」），因安史之亂而與寵姬柳氏分開，柳氏出家為尼，詩人寫了一首詞給她，詞中有「章臺柳」，即代指柳氏，後世便以章臺楊柳比喻別離。馬上挾章臺柳歸：蕃將沙吒利因戀柳氏美色而劫走了她，當時在節度使侯希逸府中擔任書記的韓翃後來與柳氏不期而遇，府內眾人得知此事後，一名部將許逸勇敢仗義，用計順利為韓翃奪回了柳氏。

白話翻譯

可以喜歡飲酒但不可發酒瘋，可以喜好美色但不可縱慾過度，可以愛錢但不可賺取不義之財，可以使出脾氣但不可無理取鬧。

賞析

雖說《幽夢影》的每一則小品文都能獨立來看，沒有前後連貫性的問題，不過畢竟作者是同一位，因此這一則張潮可能會和那一則張潮看起來似曾相識，好像就站在斜對門或隔兩戶親切地朝你招手。

這一則與上一則〈凡事不宜刻〉，就給人這樣的感覺，都是在說人生行事有一個限度爲好。只是，上一則總括的題目大，是就「凡事」來說，這一則則直指人生在世的四大重要慾求「酒、色、財、氣」。張潮是個有著眞性情的文人，他在字裡行間總是流露出眞情實感、絕不矯揉造作。因此，他知道飲酒讓人放鬆，美色讓人舒心，錢財讓人有安全感，脾氣志氣義氣讓人有血有肉。人生在世的苦與樂往往一體兩面，裡頭甚至還有說不清道不明的心情意緒在轉繞，正因如此，我們需要多面向地滋養自己，太單一太極端，也太苦，而多面向地滋養固然豐富多彩，但需要節制有度，才能

◆**袁中江④評點**：如灌夫使酒⑤，文園病肺⑥，昨夜南塘一出⑦，馬上挾章臺柳歸⑧，亦自無妨，覺愈見英雄本色也。

就像——藉酒發洩心中憤悶的西漢人灌夫；患消渴症而致肺疾的司馬相如，因與卓文君相好而舊疾復發；夜晚帶人出門搶劫的祖逖；將章臺柳氏從蕃將手中搶回的勇將許俊那樣，這些事都無妨，只讓人更覺看見了英雄本色。

駛得萬年船，才能讓諸多樂趣歡快地灑落在每一寸光陰。

這一則與上一則裡的張潮，都在正氣凜然地說些行事要有限度的話。但別忘了，山來先生可是在上上一則〈孩提之童〉裡，對告子的「食色，性也」拍手叫好——是啊，他知道不能無邊無際地使性下去，所以趕緊把尺度拉回來，把人生的限度重新拉好。

文名可以當科第

文名可以當科第[1]，儉德可以當貨財，清閒可以當壽考[2]。

1科第：在科舉考試中拔得頭籌之意。

2壽考：年齡很大，活得長久，即高壽。

3聶晉人：本名聶先，字晉人，號樂讀居士，盧陵（今屬江西）人。精於佛學，是一名居士，分別編撰、選輯有《續指月錄》與《百家名詞》等書。

4蓬壺三島中人：指神仙。蓬壺三島，傳說中的海上仙山，即蓬萊、方丈、瀛洲這三座。

5石天外：本名石龐（一六七一年至一七〇三年），字天外，號晦村學人，又號天外生。清代太湖（今屬安徽）人。在文學上頗有造詣，尤長於戲曲，著有傳奇《因緣夢》、《後西廂》等等。

6顧天石：本名顧彩，字天石，號夢鶴居士，江蘇無錫人。擅長創作戲曲劇本，孔尚任的劇本《小忽雷》，就是由顧天石填詞的。其他戲曲作品有《大忽雷》、《後琵琶記》等等。

◆**聶晉人[3]評點**：若名人而登甲第，富翁而不驕奢，壽翁而又清閒，便是蓬壺三島中人[4]也。

若有登科及第的知名文人，有行事毫不驕奢的富翁，有清閒度日的高壽老翁，那可說是蓬萊、方丈、瀛洲三座仙島上的仙人了。

◆**石天外[5]評點**：評點：得《老子》「退一步」法。

此論乃學得了《老子》「退一步」的方法。

◆**顧天石[6]評點**：予生平喜遊，每逢佳山水，輒留連不去，亦自謂「可當園亭之樂」。質之心齋，以為然否？

我生平喜歡四處遊歷，每遊覽至好山好水往往流連忘返，也曾說過「這能當作園林亭臺的樂趣」。請問心齋先生，您同不同意這樣的說法？

白話翻譯

可以把在文壇的聲望看成科舉及第，可以把節儉的美德看成財富，可以把清靜安閒看成長壽。

賞析

古代讀書人對自己的期許莫不是通過科舉考試以獲在朝爲官的資格，張潮屢次應考都落榜，只好退而求其次，依靠寫作文章在文壇上獲得美名，這樣也能證明自己的才華學問不遜於那些科舉及第的人；而且，寫作文章可以造福社會大眾，將知識文化傳承保留下來，和做官的人一樣可以造福百姓，這可說是殊途同歸，因此他說「**文名可以當科第**」。

節儉是美德，如果覺得「美德」二字聽起來有點沉重，也可以想成節儉是一種態度、一種行爲、一種生活習慣，如果這麼想，那麼似乎不分古今中外放諸四海皆準，張潮說「**儉德可以當貨財**」，意思也是如此。當把運用、支配金錢的想法，變成不浪費、用所當用，那麼心態自會影響行爲，慢慢變成一種日常生活習慣，當然就能積少成多地累積財富——每一天，都是累積財富、變得富有的開始。

人，大抵都想要活得長久些，而每個人想長壽的理由不盡相同。但對於看重自己時間安排、有想做之事的人來說，活得健康活得久，就比較有機會享受生命。而忙於享受生命，是需要清閒的心情的，人說閒情、閒情，莫過於此。以張潮來說，他的清閒之樂正是想多讀幾本書，遊覽山水，結交朋友。清閒的時間越長，正代表越長壽，可不是嗎？所以「清閒可以當壽考」，這話他說得眞好。

不獨誦其詩

不獨誦其詩、讀其書是尚友古人[1]，即觀其字畫，亦是尚友古人處[2]。

1尚友古人：上與古人做朋友。尚，通「上」。
2處：方法。
3張竹坡：本名張道深，其人介紹請見本書〈編者導讀〉文章。
4九原：原代稱中國，指九州大地（《國語・周語下》：「汨越九原，宅居九隩。」）；後因春秋時代晉國卿大夫的墓地在九原，後泛指墓地、人死後居住之地（唐・皎然〈短歌行〉：「蕭蕭煙雨九原上，白楊青松葬者誰？」）。

白話翻譯

不僅讀古人的詩作、讀古人的書，是上與古人做朋友，即便觀看古人的字畫，也是上與古人做朋友的方法。

◆**張竹坡**[3]**評點**：能友字畫中之古人，則九原[4]皆為之感泣矣！

能與字畫中的古人做朋友，那麼九泉之下的古人都會為此感動涕零的。

賞析

雖然那些令人傾慕的古人距離我們很遙遠，但當今之人可以透過他們所遺留下來的詩文創作，了解其思想見解，來趟只屬於自己和古人的紙上讀書會，這麼做正是與古人交朋友——儘管沒有機會成爲密友，或可隔空做文友；且，就在張潮將此情懷寫下的同時，身在廿一世紀的我們，此時此刻不也等同於正在與張潮交流著？

除了透過文字與古人爲友之外，透過書畫創作，當然也能認識他們，與他們結交，甚至會比詩文來得更加直觀，更能直探其心靈。這是由於，書法、繪畫作品乃由線條構成，進而在畫紙或細絹上建構出了空間藝術，予人的視覺性印象更直接，也更強，很多時候眞的會被擊中，觸動心弦，而良久地立於古人書畫前，與之神交很久。

無益之施捨

無益之施捨，莫過於齋僧[1]；無益之詩文，莫過於祝壽。

1齋僧：布施齋食給僧人。
2張竹坡：本名張道深，其人介紹請見本書〈編者導讀〉文章。
3龐天池：即龐筆奴，生平不詳。

白話翻譯

沒有比布施齋食給僧人的施捨更無益處的了，沒有比祝壽的賀詞更無益處的了。

賞析

根據佛陀的教法，出家的僧人不能從事交易行為，也不能擁有私有財產，且過午不食，一日只能吃兩餐（實際上，托缽

◆**張竹坡[2]評點**：無益之心思，莫過於憂貧；無益之學問，莫過於務名。

沒有比擔憂貧窮的思慮更無益處的了，沒有比為了求取功名而做的學問更無益處的了。

◆**龐天池[3]評點**：有益之施捨，莫過於多送我《幽夢影》幾冊。

沒有比多送我幾冊《幽夢影》的施捨，更有益處的了。

只有一餐），在太陽升到頭頂上之前要把食物吃完，否則超過時間就不能再用餐。依照佛陀教法指示，出家人有兩種義務，一是禪修，一是鑽研佛教典籍，至於耕種或者以交易方式取得食物，都不在出家人的義務範圍之內。由此可知，出家人取得食物的來源只能依靠托缽，這也是修行的一種，因爲出家人吃飯的目的並不是爲了滿足口腹之慾，而是爲了繼續梵行，維持生命而已。托缽，能使出家人不可選擇自己喜歡吃的食物，好降低自己的慾望，但若是無法化緣到食物，也許就得餓肚子了。

張潮認爲布施毫無益處可言，也許是因爲他認爲出家僧眾沒有勞作，就要求別人施捨食物，是件不可取之事——他對佛教的戒律似乎不太了解，但或可從其觀點窺得一般老百姓或許也是如此看待布施一事。

張潮還認爲，那些用來祝賀恭喜人的詩詞文章毫無益處可言。眞性情、不喜矯揉造作的他，也許覺得提筆爲文廣泛地向人祝賀是一種應酬之舉，寫的只能是些吉祥的話，且得顧慮到對方的身分地位更加不能隨心所欲地表達，這樣的詩詞文章往往流於形式而無眞情實感，如此便與文學創作的初衷相抵觸，所以他才會認爲毫無益處、不具意義。

妾美不如妻賢

妾美不如妻賢，錢多不如境順。

1張竹坡：本名張道深，其人介紹請見本書〈編者導讀〉文章。

2張迂庵：生平不詳。

白話翻譯

小妾美不如妻子賢慧，錢財多不如境遇順遂。

賞析

妻子負責持家，因此娶一位賢妻就顯得非常重要了，她不僅可以操持家務，還能適時地幫助丈夫——一位賢妻能將家裡打理得井井有條，讓丈夫在外打拚無後顧之憂。

中國古代的婚姻制度允許男人有妾，而且可以有三個妾；

◆**張竹坡①評點**：此所謂「竿頭欲進步」者。然妻不賢，安用妾美？錢不多，那得境順？

這就是所謂的「百尺竿頭還想要再更進一步」。可如果妻子不賢慧，小妾貌美又有何用？錢財不多，境遇哪裡能順遂？

◆**張迂庵②評點**：此蓋謂二者不可得兼，捨一而取一者也。又評點：世固有錢多而境不順者。

這大概是說兩者不可兼得，得捨棄一個而選擇另一個。又說：可這世上，一向有錢多而境遇不順之人。

當然，能有幾名妾，就得看每個家的經濟條件如何了。小妾是側室，專門侍寢，其地位不如妻子，也不能取代妻子在家中的地位，即便貌美無雙，也只能養在家中以供自娛，因此就實際功能來說，家有一位賢妻遠比美妾更爲重要。

而一個人縱使有再多的錢財，但若個人乃至整個家庭境遇都不順，像是經常地遭遇到天災人禍，或是自己、家人有身體健康之虞等等，那麼就算有再多的錢財也會散盡，是以張潮認爲，境遇順利遠比家中富裕更爲重要。

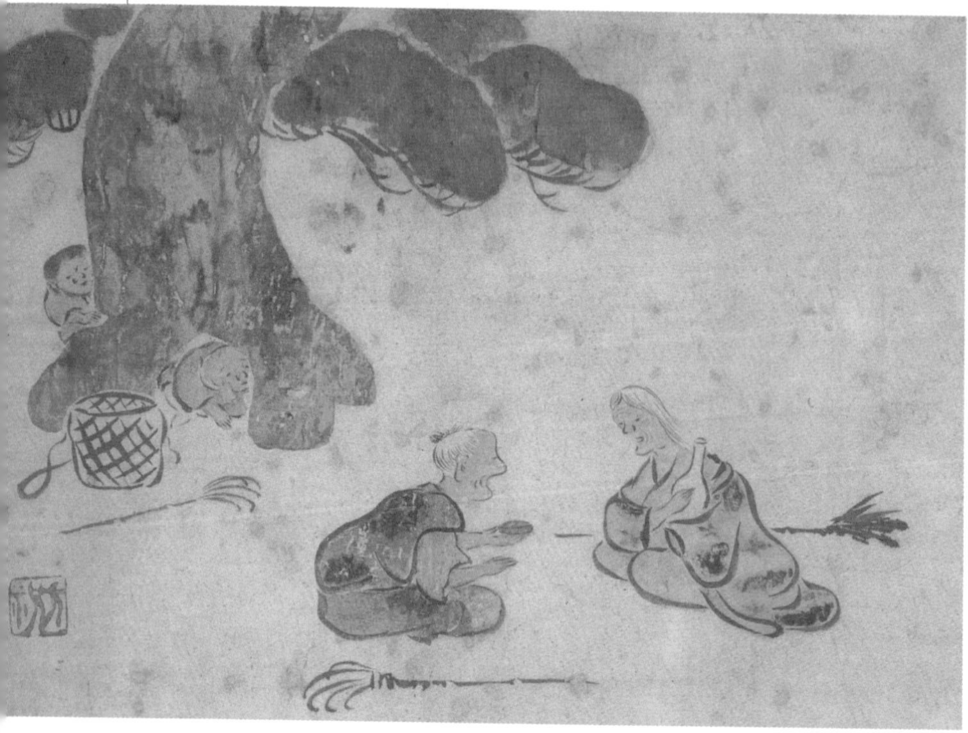

創新菴不若修古廟

創新菴①不若修古廟，讀生書②不若溫舊業。

1菴：同「庵」，指和尚和尼姑供佛像的小寺廟。
2生書：未曾讀過的書。
3張竹坡：本名張道深，其人介紹請見本書〈編者導讀〉文章。
4王安節：本名王概（一六四五年至大約一七一〇年），初名丐，字東郭，又字安節，清代秀水（今浙江嘉興）人。擅長作詩，工於山水畫，精通刻印，久居南京，靠著賣畫過日子。著有《學畫淺說》，亦曾與手足王臬、王蓍（蓍讀作「詩」）合編《芥子園畫譜》。

白話翻譯

建造新的寺廟還不如修葺古廟，讀新書不如溫習已經讀過的書。

◆**張竹坡②評點**：是真會讀書者，是真讀過萬卷書者，是真一書曾讀過數遍者。

張先生是真正懂得讀書之人，是真正讀過萬卷書之人，是真正把一本書讀過許多遍之人。

◆**王安節③評點**：今世建生祠，又不若創茅菴。

而今眼下為活人立祠廟，反倒不如蓋茅菴。

賞析

蓋新的寺廟需要耗費大量人力物力財力，而古廟則是先人留下來的遺跡，有歷史紀念意義與價值，因此，修葺一座古廟等同於維護古蹟，此舉遠比建造新廟來得更有意義。

正所謂「溫故知新」（《論語．為政》），人們往往只顧著吸收新的知識，忘了也能多多溫習已經讀過的書籍。有些書是值得一再回味的，每次閱讀都能有新的體悟與心得，像是

中國思想類的書籍如《論語》、《孟子》、《老子》、《莊子》等就很適合一讀再讀，一邊讀一邊深層思考，思考過後，每得一些收穫還能試著在生活中運用。當然，這類思考性書籍只讀一次，是不可能完全通透明白的，而且在不同的年齡閱讀也會有不同的心得與領悟。

張潮曾在《幽夢影》第卅五則中提到「少年讀書，如隙中窺月；中年讀書，如庭中望月；老年讀書，如臺上玩月」，雖然他大致將人生在世讀書分成三個階段的體會，然而每個人所涉獵書籍的類別與主題，難易度並不相同，何妨在每次試著讀一本艱澀的書或是重讀思想類書籍時，抱著少年讀書的心情，繼續安步當車慢慢地隙中窺月。

字與畫同出一原

字與畫同出一原①。觀六書始於象形②，則可知已。

1 原：根本、本原，源頭。

2 六書：中國的六種造字方法——象形、指事、會意、形聲、轉注、假借（東漢許慎〈說文解字敘〉記載）。象形：中國造字方法「六書」之首，指——直覺地把事物模樣畫出來，變成字，讓觀者一看就能明白。

3 江含徵、張竹坡：江含徵，本名江之蘭；張竹坡，本名張道深：兩位文人的介紹，請見本書〈編者導讀〉文章。

白話翻譯

字與畫，實來自同一個源頭，看六書造字之法是從象形文字開始，就能得知。

◆**江含徵評點**：有不可畫之字，不得不用六法也。

因為有的字畫不出來，所以不得不用六書來造字。

◆**張竹坡③評點**：千古人未經道破，卻一口拈出。

千古以來從未被論明的道理，卻被張先生一句話就說清楚了。

賞析

中國文字的特點是象形文字，是觀察具體事物的形貌，然後用筆畫構成文字；而繪畫，則是描摹具體的事物，畫成山水花鳥等圖案；因此張潮在這裡說，兩者同爲一個根本，同出一個根源，確有其異曲同工之妙。

然而，六書造字之法的起源雖然是象形，象形文卻有著象形與指事的區別。「象形」，指的是象徵具體事物形狀的象形文；「指事」，則是象徵抽象事物的文字符號。日、月、星辰皆象形文字，許慎在〈說文解字敘〉說：「象形者，畫成其物，隨體詰詘，日月是也。」這句話的意思是，象形，畫成所象徵事物的樣貌，隨著它的輪廓，用彎曲的線條，將那件物體的形狀畫出來，日、月都屬於這一類。（詰詘，曲折的樣子，讀作「節屈」。）

指事，則無具體的形狀可象徵，因爲所要表達的事物是抽象的，所以只能以抽象的符號來表達。例如：「上」，是表示有個東西在另一個東西的上面。許慎在〈說文解字敘〉說：

「指事者，視而可識，察而見意。上下是也。」這句話的意思是，指事，看到就能夠辨識，仔細觀察，就能了解它要表達的意思，上、下都屬於這一類。

然而，文字是一種傳達、象徵的符號，它按照事物的具體形象構成，但力求簡約；而繪畫，則是將眼前所見情景描繪出來，比文字還要複雜得多。此外，文字與繪畫也不完全都是象徵事物的具體形貌，文字有象徵抽象事物的指事字，繪畫的範疇裡也有著抽象畫，但大體說來，兩者同出一個根源、一個根本，這個概念極爲正確，也極富思考性。

忙人園亭

忙人園亭，宜與住宅相連；閒人園亭，不妨與住宅相遠。

1張竹坡：本名張道深，其人介紹請見本書〈編者導讀〉文章。

白話翻譯

忙碌之人造園亭，應當和住宅相連；空閒時間多的人造園亭，不妨離住宅遠一點。

賞析

張潮曾在本書的第七十九則〈梅邊之石宜古〉中，談到了他對園林造景裡的石頭應如何搭配的想法，足見他不僅有美感，且對造景之事頗有研究。在這一則小品文裡，他又一次以園林亭臺爲主題分享了自己的看法——

忙碌之人空閒少，故而園亭應該要建造在住宅旁邊，兩者連在一起，這樣一

◆**張竹坡**1**評點**：真閒人，必以園亭為住宅。

真正的閒人，必定把園亭當作住宅。

來，就能便於趁著短暫的休息時間，去園亭走動走動，換個心情。

至於空閒時間多的人，則可以將園亭造得偏遠一點，離自己的住宅遠一點沒關係，反正時間多，趁著乘車還可欣賞沿途景色；且郊區景色往往更加怡人，住宅畢竟大多建在鬧市之中，車水馬龍，喧囂吵鬧，不夠清幽。因此，若將園亭建造在郊區，雖離平素居住之地較爲遙遠，卻能時常前往、賞玩，況且套用現代人的想法，打從踏出住宅的那一刻開始，心情上就已經展開一趟賞玩之旅了，何樂而不爲。

酒可以當茶

酒可以當茶，茶不可以當酒；詩可以當文，文不可以當詩；曲可以當詞，詞不可以當曲；月可以當燈，燈不可以當月；筆可以當口，口不可以當筆；婢可以當奴，奴不可以當婢。

1江含徵：本名江之蘭，其人介紹請見本書〈編者導讀〉文章。
2周星遠：生平不詳。
3此癖：指喜好男風的風氣。
4宗子發：本名宗元豫（一六〇四年至一六九六年），字子發，晚年號半石，明末清初江蘇泰州（今江蘇東臺）人。明朝諸生，滿清入關後未做官，用力於經史研究，詩文亦擅，著有《兩漢文刪》、《古詩賦刪》等書。

◆**江含徵**1**評點**：婢當奴則太親，吾恐「忽聞河東獅子吼」耳！

把婢女當奴僕使喚就太顯親近了，我怕會突然聽到妻子吃起醋來凶巴巴的怒罵聲。

◆**周星遠**2**評點**：奴亦有可以當婢處，但未免稍遜耳。近時士大夫往往耽此癖3。吾輩馳騖之流，盜此虛名，亦欲效顰相尚。滔滔者天下皆是也，心齋豈未識其故乎？

把奴僕當婢女使喚倒還可以，只是不免稍差一些。近來文人對此男風多所沉迷，而我們這些在文壇行走的人就愛沽名釣譽，也想有樣學樣地跟隨。如今世道就是這麼烏七八糟的，心齋先生所知道的難道還會少嗎？

◆**宗子發**4**評點**：惟帝王家不妨以奴當婢，蓋以有閹割法也。每見人家奴子出入主母臥房，亦殊可慮。

帝王家因為有閹割之法，所以把奴僕當婢女使自無問題。是以每次見到別人家的奴僕進出女主人臥房，都很為其擔憂。

白話翻譯

酒可以當茶喝，可是茶不能當酒喝；詩可以當文章讀，可是散文不能當詩讀；曲可以當作詞，可是詞不能當作曲；月亮可以當作燈照明，可是燈不能當月亮賞；筆可以當作嘴傳達所思，可是嘴不能當筆寫；婢女可以當奴僕使用，可是奴僕不能當婢女使喚。

賞析

張潮在這裡列舉出六組不可互相取代的事物，他立論有據，邏輯申論能力極佳，一起來看看——

第一組是茶與酒。文人喜歡喝茶，也喜歡飲酒，喝茶可以提神醒腦，亦可增添情趣；飲酒則不僅能增添情趣，還能「一醉解千愁」（「三杯和萬事，一醉解千愁」，語出元·武漢臣《生金閣》第三折），所以深受文人雅士喜愛。然而，酒能忘憂解愁，喝了使人茫茫然、飄飄然，可茶卻讓人越喝越清醒，所以若想忘憂解愁，茶是無法取代酒的；但若想增添情趣，此種功能則茶與酒都具備，故說酒能取代茶。

第二組是詩歌與文章。詩歌與文章都具備傳達思想的功能，但詩歌是韻文，文章則由文字與句子堆疊組成，不具押韻之美，所以說，詩歌可以取代文章，可視爲廣義的文章，而文章卻不能取代詩歌，因其本質並非韻文。

第三組是曲與詞。曲與詞都是韻文的一種表現形式，不僅用韻，且句子長短不一。但就內容的本質來看，曲較爲淺白俚俗，詞較爲委婉含蓄。因此，以表現形式來說，曲自然可以當作詞，因爲兩者皆韻文；但以所想要表達的思想內容來說，詞不可以當作曲。

第四組是月與燈。以照明的功能來說，月亮可以取代燈；從審美的角度來說，燈光無法取代月光的美感，況且一室一地的燈光，並無法像月光那樣輕澤大地。

第五種是筆與口。筆是書寫的工具，嘴巴是表達思想的器官。書寫出來的文字，除了表情達意之外，還有藝術審美的功用；而從嘴巴說出來的話，則多爲溝通之用，因而無法具備以筆書寫出的文字美感與藝術性，所以說，筆可以取代口，口卻不能取代筆。

第六種是婢女與奴僕。婢女專事伺候女主人或小姐，奴僕是男性，多做些打雜之事。正所謂男女有別，婢女能做奴僕做的事，奴僕卻不能取代婢女伺候女主人，否則可能會傳出男女私通等醜聞。

胸中小不平

胸中小不平，可以酒消之；世間大不平，非劍不能消也。

1張竹坡：本名張道深，其人介紹請見本書〈編者導讀〉文章。
2隱娘：即聶隱娘，唐傳奇《裴鉶傳奇・聶隱娘》的女主角，是一位生平神祕、劍術高明的俠客。
3張迂庵：生平不詳。
4蒼蒼者：蒼天、上天。
5空空兒：唐傳奇《裴鉶傳奇・聶隱娘》中的一名劍客，身手極為靈巧，後世常用以代稱手法高超的竊賊。
6尤悔菴：其人介紹請見本書〈編者導讀〉文章。
7龍泉、太阿：兩把古代名劍，相傳由春秋時代善鑄劍的吳國人干將所鑄（亦有一說是干將的岳父歐冶子所鑄）。龍泉，也稱龍淵；太阿，也稱泰阿。
8蘇子美以一斗讀《漢書》：蘇子美（一〇〇八年至一〇四八年），即蘇舜欽，字子美，號滄浪翁，開封（今屬河南）人。北宋文人，工詩文，風格豪放，也善草書，常於醉酒後揮毫。據聞夜裡讀《漢書》時，每次都喝光一斗酒。

◆**張竹坡**1**評點**：此平世劍術，非隱娘2輩所知。

這等用來消解世道不公的劍術，不是聶隱娘那類俠客所能了解的。

◆**張迂庵**3**評點**：蒼蒼者4未必肯以太阿假人，似不能代作空空兒5也。

上蒼未必肯將太阿寶劍借人，看來不能代為做竊賊了。

◆**尤悔菴**6**評點**：龍泉、太阿7，汝知我者，豈止蘇子美以一斗讀《漢書》8耶？

龍泉、太阿寶劍，你們是了解我的，我哪裡能像蘇舜欽那樣讀《漢書》每晚都喝完一斗酒呢？

白話翻譯

胸中的小不滿，可藉酒消解；世道的大不公，非利劍消弭不了。

賞析

張潮以爲，人活在世上總會遇到一些不如意的事情，如果是旁人在言語上得罪了我們，令我們心中不悅，那麼，喝點小酒，自能忘卻煩惱。

但如果是國家社稷境內所發生的不公不義之事（例如：貪官汙吏搜刮民脂民膏作威作福，而皇帝又不將他們嚴懲），這時候就需要英雄豪傑拿著三尺秋水長劍，替百姓以私法正義主持公道了。然而，這終歸不是解決之道，畢竟，英雄豪傑百年難遇，而貪官汙吏橫行無異突顯了國家的腐敗與積弊，應該由君主、由清官、由制度面來對這些戕害家國之徒予以嚴懲彈劾。

人間生活滿是磕碰衝撞，輕者爲小不滿，重者有大不公，事事豈能盡如人意，遇上不如意時與不如意處該如何排除與解決，在在考驗著人們的智慧與修養——一時半刻解決不了的，何妨先喫些茶酒轉換、放鬆一下心情；茲事體大者，便等到放鬆了心情、冷靜下心緒以後，再思作爲，甚至突地以利劍般精銳的勢頭，一舉改寫局面。

不得已而諛之者

不得已而諛之者，寧以口毋以筆；不可耐而罵之者，亦寧以口毋以筆。

1 孫豹人：本名孫枝蔚（一六二〇年至一六八七年），字豹人，號溉堂，明末清初三原（今屬陝西）人。家道極富，明末時散家財起兵，與李自成軍對抗，後兵敗，孤身至揚州，年老時返回故里，客遊以終。著有《溉堂集》。

2 張竹坡：本名張道深，其人介紹請見本書〈編者導讀〉文章。

3 張迂庵：生平不詳。

4 顧天石：本名顧彩，字天石，號夢鶴居士，江蘇無錫人。擅長創作戲曲劇本，孔尚任的劇本《小忽雷》，就是由顧天石填詞的。其他戲曲作品有《大忽雷》、《後琵琶記》等等。

白話翻譯

逼不得已得奉承巴結他人的，寧願張口說，不要用筆寫；忍耐不住要罵人的，寧願張嘴罵，不要用筆寫。

◆**孫豹人①評點**：但恐未必能自主耳！

但恐怕未必能自己作主！

◆**張竹坡②評點**：上句立品，下句立德。

張先生的上一句成就了人品，下一句成就了德行。

◆**張迂庵③評點**：匪惟立德，亦以免禍。

不只成就了德行，還得以避免禍患。

◆**顧天石④評點**：今人筆不諛人，更無用筆之處矣。心齋不知此苦，還是唐宋以上人耳！

如今的人倘若不寫文章奉承巴結人，就更無用筆之地了。心齋先生仍是以唐宋時代的標準來處世，所以不懂這種處境之難啊。

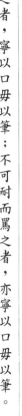

賞析

人，有時往往身不由己，在一些場合碰到某些人，尤其是在應酬祝賀之時，總要說上幾句好聽、順耳的話，這樣的話語帶有些逢迎拍馬的意味，可如果不這麼做，也許會被認爲不懂人情世故、不會做人，而難以在官場或社會上立足。

張潮認爲，碰上這種時候，寧願說幾句恭維的話，也不可把這些歌功頌德的違心之語，白紙黑字地寫下來。這是因爲說出來的話，聽到的也只有在場那幾個人，而寫出來的文章卻可能流傳千古，若被身邊之人或後世不知情者看到了，還以爲這個受到自己巴結逢迎的人，品德非常崇高，値得被人寫文章誇讚呢。

同樣的，人也難免會遇到激憤難耐之事，這種時候也寧可用嘴巴罵，而不要寫文章罵之。因爲寫文罵人，不僅會影響後世對那人的評價，還可能會留下把柄，特別是清朝有文字獄，言論並不自由，是極有可能因爲寫文章罵人而吃上官司的；而用嘴巴罵，可以逞一時之快，又不會留下證據爲人所指控，著實是明哲保身的聰明做法。然而在現今這個時代，一切可得更小心，畢竟幾乎人人都有智慧型手機，而手機都有錄音功能……

多情者必好色

多情者必好❶色，而好色者未必盡屬多情；紅顏者必薄命，而薄命者未必盡屬紅顏；能詩者必好酒，而好酒者未必盡屬能詩。

1好：讀作「浩」，做動詞，喜、愛。
2張竹坡：本名張道深，其人介紹請見本書〈編者導讀〉文章。
3洪秋士：本名洪嘉植，字去蕪，號秋士，清代安徽歙縣（歙在此讀作「社」）人。著有《大陰堂集》。

白話翻譯

情感豐富的人必定好色，可好色之徒未必都是多情之人；美人必定命運坎坷，可命運坎坷之人未必都是美人；能做詩的人必定好飲酒，可好飲之人未必都能做詩。

◆**張竹坡❷評點**：情起於色者，則好色也，非情也；禍起於顏色者，則薄命在紅顏否？則亦止曰命而已矣！

因為美色而動了情，那是出於好色，並非出於情感；因為美色而引來了禍患，難道長得美就該命途坎坷嗎？也只能歸咎為命不好罷了。

◆**洪秋士❸評點**：世亦有能詩而不好酒者。

世上也有能做詩而不喜飲酒之人。

賞析

此則小品文分列出了三組對偶句，旨在說明，儘管事物符合了某項條件，然而符合某項條件者並不盡然可與那事物畫上等號；足見，符合某項條件者，其所指涉的範圍大多了，不是那事物所能涵蓋、統括的，在此可看出張潮的邏輯觀念甚強——

「多情者必好色」，好色，是風流多情之人的必要條件，他們必然喜歡女色，不喜歡美女的人是不可能輕易動情的；然而張潮也反過來思考了一下，即「好色者未必盡屬多情」，是的，喜歡美色的人，不見得是對女子有感情的人，可能是爲了解決生理需求，或貪圖床笫枕席之歡，但對於所歡好的對象不一定有眞情實感。

「紅顏者必薄命」，命運坎坷往往成爲美麗女子的必然，因爲美女招人喜歡，是你爭我奪的對象，如此便易引來是非，是以命途必然不順；張潮又反過來思考了一下，即「薄命者未必盡屬紅顏」，有些女子未必長得美麗，可是生在貧窮之家受到了不好的待遇，命途亦是不順；此外，也不一定是女子，男子也可能一生命運多舛。

「能詩者必好酒」，喜歡飲酒，是成爲詩人的必要條件，因爲飲酒不僅能添風雅情趣，酒後的飄飄然還可能讓人獲得文思靈感；張潮同樣不忘反向思索，即「好酒者未必盡屬能詩」，是啊，喜歡喝酒的人，有可能是飲酒狂徒、嗜酒如命之人，未必是能寫詩的風雅文人哪。

梅令人高

梅令人高，蘭令人幽，菊令人野，蓮令人淡，春海棠①令人豔，牡丹令人豪，蕉與竹令人韻，秋海棠②令人媚，松令人逸，桐令人清，柳令人感。

1春海棠：薔薇科蘋果屬，落葉喬木。葉子呈卵形或橢圓形，邊緣呈細鋸齒。春天開花，有白色、淡紅至紅色，種類甚多。

2秋海棠：又稱八月春、斷腸花，多年生草本。秋季開花，雌雄同株，葉背和葉柄呈紫紅色。

3張竹坡：本名張道深，其人介紹請見本書〈編者導讀〉文章。

4尤謹庸：本名尤珍（一六四七年至一七二一年），字謹庸，一字慧珠，號滄湄，江南長洲縣（今屬江蘇省蘇州市）人，尤侗之子。康熙廿年（一六八一年）進士，曾任翰林院庶吉士，歷任《大清會典》、《明史》、《三朝國史》纂修官。擅長寫作詩歌，著有《滄湄札記》、《滄湄詩鈔》等等。

5群芳譜：即《二如堂群芳譜》，明代專論花木、藥、蔬果、茶等物的栽培之書，共三十卷，編撰者為王象晉（一五六一年至一六五三年）。康熙四十七年（一七〇八年），汪顥等人奉皇帝之命刪修、增廣為一百卷，稱《廣群芳譜》，並且附移植的方法。

◆**張竹坡③評點**：美人令眾卉皆香，名士令群芳俱舞。

美人讓所有的花都散發香氣，名士讓所有的花都輕舞飛揚。

◆**尤謹庸④評點**：讀之驚才絕豔，堪采入《群芳譜》⑤中。

張先生此文讀起來才華驚人、詞藻豔麗，足以收錄到《群芳譜》中。

白話翻譯

梅花讓人感到高潔脫俗，蘭花讓人感到幽靜閒雅，菊花讓人感到野趣橫生，蓮花讓人感到恬淡超然，春海棠讓人感到豔麗抖擻，牡丹讓人感到豪放雍容，芭蕉和竹子讓人感到風雅韻致，秋海棠讓人感到嫵媚冶豔，松樹讓人感到俊逸超凡，梧桐讓人感到清寂孤高，柳樹讓人多愁善感。

賞析

花草樹木是自然界的生物，原本並不具有人類的社會屬性。張潮在此文列舉的花草植物，之所以帶給人不同的感受，是因爲人們觀其生長條件、形貌樣態之後，移情地加諸了自己的美感體驗、人生經驗於其上。例如：梅花帶給人高雅潔白之感，正象徵著品行節操崇高之士；又如蓮花的「出淤泥而不染」（周敦頤〈愛蓮說〉），著實象徵著君子的品格風範，諸如此類。

而反過來，當人類看到這些花草植物時，也可能會依照對自己的了解與期許，將自己代入其中，有人也許自詡爲堅韌沉穩的松，也有人覺得某位女子如牡丹般雍容華貴。見花如見人，心中常懷自然，將自己依託於山林花草，不僅多了份閒適，更多了幾許風雅。

物之能感人者

物之能感人者，在天莫如月，在樂莫如琴，在動物莫如鵑1，在植物莫如柳2。

1鵑：即杜鵑鳥，亦名杜宇、子規等，春末夏初經常整夜啼叫，叫聲哀戚。古蜀（商周之交至春秋時期）王杜宇，因國家滅亡而死，魂魄化成了杜鵑鳥，日夜悲鳴，最後血淚流乾而亡。

2柳：柳樹帶有離別之意；折柳贈別，則因「柳」與「留」諧音，帶有挽留、依依不捨之意，離情依依的感懷，最早見於《詩經．小雅．采薇》：「昔我往矣，楊柳依依。」

3王宓草：即王著（一六四九年至一七三七年，著讀作「詩」），原名王尸，字宓草（宓讀作「密」），秀水（今浙江嘉興）人，家金陵（今南京）。畫家，其山水畫頗能表現元代畫家黃公望的精髓神韻，擅長花卉、翎毛，書法和篆刻也很擅長。曾與手足王概、王臬（臬讀作「孽」）合編《芥子園畫譜》。

白話翻譯

世間萬物之中能感動人的，在天上沒有比得上月亮的，在樂器中沒有比得上古琴的，在動物中沒有比得上杜鵑的，在植物中沒有比得上柳樹的。

◆**王宓草3評點**：於垂柳下對月彈琴，或聞杜鵑啼數聲，此時令人百感交集。

在垂柳下對著月亮彈琴，或聽聞杜鵑幾聲哀鳴，這種時候令人百感交集。

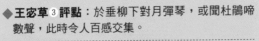

賞析

這則小品文在討論，世間萬物之中有哪些事物能讓我們感動。事實上，讓我們感動的並非這些事物本身，而是與之連結的時候，它們如何觸動我們心中的情思，然後讓情感有所寄託。

張潮列舉了四項事物，分別爲月亮、古琴、杜鵑、柳樹。以月亮來說，月亮的光芒給人一種朦朧冷清的感覺，獨處時看月亮，容易激起人孤單、寂寞等心緒，且月亮有盈虧，世情古難圓，更易引人思念遠方親友。

古琴則聲音空靈悠遠，先是寄託了彈琴者心中之情，再透過樂音傳遞予人，直接帶出了聆賞者的共鳴，或感人肺腑，或同喜同悲。下一個事物，也和聲音有關，那就是杜鵑鳥的泣鳴，牠會啼叫一整夜，就算不知鳥兒被賦予的亡國傳說，其叫聲本身也容易讓人同哀。因而，有的愛鳥人會特別喜歡某些鳥類的叫聲，也許和聽者本身的喜好與個性自有關係。

至於柳樹，自古以來，折柳便是送別親朋時的餽贈之禮。是以看到柳樹，常讓人想到離別；而它纖纖裊裊的柔軟身軀，也很容易讓人聯想到美女的嬌弱身姿——在河岸邊見成排柳樹，風輕颺，浪漫之感拂上了身，多美，多好。

妻子頗足累人

妻子頗足累人，羨和靖梅妻鶴子①；奴婢亦能供職，喜志和樵婢漁奴②。

1和靖梅妻鶴子：和靖，即林逋（九六七年至一〇二八年，逋讀作「步」的一聲），字君復，北宋錢塘（今浙江杭州）人。性情淡泊，不看重名利。擅長行書，喜歡做詩，隱居西湖孤山，終身不仕。也未曾娶妻，以種梅賞花與養鶴自娛，世稱「梅妻鶴子」。卒諡和靖先生。著有《和靖詩集》、《西湖紀逸》等。

2志和樵婢漁奴：志和，即張志和（七三〇年至八一〇年），初名龜齡，字子同，自號煙波釣徒，又號玄真子，唐代婺州（今浙江金華，婺讀作「務」）人。十六歲科舉及第，唐肅宗賜名「志和」，後因事獲罪被貶，不久赦還，從此退隱江湖。是為道士，工於詩詞。

樵婢漁奴：唐肅宗曾賜張志和奴僕、婢女各一，他則讓他們結為夫妻，取名漁童和樵青，分別使其擔任漁夫、樵者。而漁樵之取名，亦頗見深意——在古老中國農耕社會裡，「漁樵耕讀」是四大重要職業（耕指農夫，讀指讀書人），是以這景況寓有淡泊名利、安於田園生活之心。

3尤悔菴：其人介紹請見本書〈編者導讀〉文章。

白話翻譯

娶妻生子是人的負累，羨慕林和靖把梅花當妻子、白鶴當子女；張志和之舉使人欣喜，他讓婢女做樵者、奴僕做漁夫，各有其職。

◆**尤悔菴③評點**：梅妻鶴子，樵婢漁童，可稱絕對。人生眷屬，得此足矣！

把梅花當妻子、白鶴當子女，有婢女做樵青、奴僕做漁童，當可稱做絕妙對句，而人生有這樣的親屬也就心滿意足了。

賞析

這則小品文用了兩個典故，第一個是林和靖的梅妻鶴子。林和靖沒有娶妻，他喜歡種梅花與養白鶴，所以就將梅花當成妻子，把白鶴當成兒女，自得其樂。一般世俗觀點認爲，男人成年之後應當成家立業，娶妻生子繁衍後代，繼承家業，但林和靖一反世俗觀點，他嚮往清幽隱逸的生活，不欲被妻子與兒女束縛拖累，梅妻鶴子亦能自得其樂。

第二個典故是張志和的樵婢漁奴。張志和退隱，不再爲官，皇帝賜給了他奴婢各一，他便讓奴僕做漁夫，婢女做樵者，這寓有他無意追求功名、熱愛隱逸生活的淡泊之心。

張潮極爲推崇這兩位的歸隱之心，畢竟他自己沒法輕易做到——是讀書人就會想要求取功名，繼而享受隨之而來的利祿。然而張潮從未眞正踏入爲官的世界，自然對仕途一直懷抱著想望與遺憾，但同時又不斷提醒自己得更開脫些爲好。

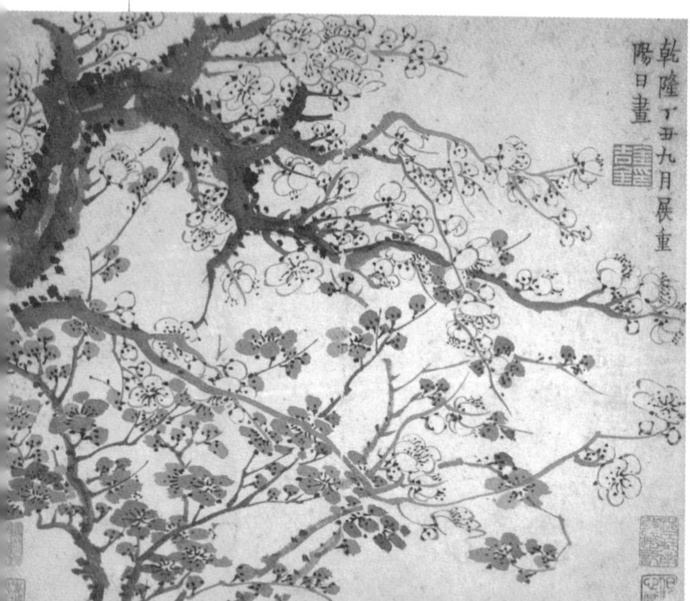

涉獵雖曰無用

涉獵①雖曰無用，猶勝於不通古今；清高固然可嘉，莫流於不識時務②。

1 涉獵：廣泛地瀏覽，沒有深入鑽研。
2 不識時務：原意是不識抬舉，後也指不懂得把握機會以求取功名；此處則為不懂審時度勢、察言觀色之意。
3 黃交三：本名黃泰來，字交三，一字竹舫，號石閭。江蘇泰州（今江蘇東臺）人，曾跟隨孔尚任到北京做過幕僚。
4 張竹坡：本名張道深，其人介紹請見本書〈編者導讀〉文章。

白話翻譯

廣泛閱讀雖說無用，仍然強過對古今之事一竅不通；心志崇高固然值得嘉獎，卻不能演變成不識時務。

◆**黃交三③評點**：南陽抱膝時，原非清高者可比。

隱居於南陽、雙手抱膝坐著長吟的諸葛亮，可不是自命清高之人所能相提並論的。

◆**張竹坡④評點**：不合時宜，則可；不達時務，奚其可？

不合乎時代潮流，還行；不懂審時度勢，那怎麼可以？

賞析

廣泛瀏覽雖然閱讀量大，然而所讀的書太過龐雜，難以專精，這對於鑽研學問無所助益；雖然如此，但總強過對於古今發生之事都一無所知來得好——不問世事固然心情輕快，但古往今來興衰起敗的歷史能做我們人生的鏡子，生活與生命如果沒有刺激與衝擊，就不會有反省與收穫，那麼我們又當如何與身邊的人好好地交流互動呢？

清高自持的人，品行操守雖然值得嘉獎，然而如果眼中只有自己的存在，目空一切，不知虛懷變通，也不懂察言觀色，永遠只站在自己的立場看待世事人情，那麼或將錯失生命中一些奇特的機緣也未可知，甚至因境遇不順而生出懷才不遇之感，終生怨天尤人。

所謂美人者

所謂美人者，以花為貌，以鳥為聲，以月為神，以柳為態，以玉為骨，以冰雪為膚，以秋水[1]為姿，以詩詞為心，吾無間然[2]。

1 秋水：比喻女子的風采姿態，如秋天的湖水般清澈明亮。
2 無間然：不持反對意見，即欣然同意。
3 冒辟疆：本名冒襄（一六一一年至一六九三年），字辟疆，號巢民，明末清初江蘇如皋人。文學家，亦擅書法，著有《巢民詩文集》、《影梅庵憶語》等書。晚年多病，雙眼幾乎失明。冒穀梁和冒青若是他的兒子。
4 黃交三：本名黃泰來，字交三，一字竹舫，號石閭。江蘇泰州（今江蘇東臺）人，曾跟隨孔尚任到北京做過幕僚。

白話翻譯

所謂的美人，應該要以鮮花爲容貌，以鳥鳴爲聲音，以月光爲神韻，以纖柳爲體態，以美玉爲骨架，以冰雪爲肌膚，有秋水作風姿，有詩詞爲心靈，若能如此，我便沒有意見了。

◆**冒辟疆[3]評點**：合古今靈秀之氣，庶幾鑄此一人。

融合古往今來的靈秀之氣，也許可以鑄成這樣一位美女。

◆**黃交三[4]評點**：論美人而曰「以詩詞為心」，真是聞所未聞！

評論美人時，說「有詩詞為心靈」，張先生這種說法真是前所未聞。

賞析

這則小品文是張潮主辦的選美大會對美人的評判標準，外貌體態有一定要求自不待言，在氣質神韻上的要求就比較特別了——需具備月亮般優美高雅的神韻，個人的風采氣韻要如秋水般清澈明亮，心靈則應蘊藉詩詞般的情感。張潮是文人雅士，自然較爲欣賞內在芳華的女子，甚且還要人家具備詩詞文心，與他如心靈之交般地相契唱和，這眞是難上加難了。難怪他要說，若能達到這些條件標準，他對這樣的美人便再無意見。

評點家冒辟疆爲此下了個中肯的註解，「融合古往今來的靈秀之氣，也許可以鑄成這樣一位美女」，是啊，張潮選美大會的皇后之位，可能年年歲歲都從缺，不知要等到哪一世才能有這樣一位完璧佳人橫空出世。

蠅集人面

蠅集人面，蚊嘬1人膚，不知以人為何物？

1嘬：讀作「踹」，叮、咬。
2尤悔菴：其人介紹請見本書〈編者導讀〉文章。
3陸雲士：本名陸次雲，字雲士，浙江錢塘（今浙江杭州）人，拔貢生，擔任江蘇江陰知縣等官職。著有《澄江集》、《北墅緒言》。

白話翻譯

蒼蠅群集在人的臉上，蚊蟲叮咬人的皮膚，不知道把人當成什麼了？

賞析

張潮在此使用了詼諧逗趣的口吻，換一個角度去思考——當蒼蠅停在人的臉上，當蚊蟲叮咬人

◆**尤悔菴2評點**：正以人之血肉，只堪供蠅蚊咀嘬耳。以我視之，人也；自蠅蚊視之，何異腥膻臭腐乎！

正是因為人的血肉，只配供給蒼蠅蚊子叮咬啊。就我自己觀點來看，我們是人；但從蒼蠅蚊蟲的角度來看，我們和腐敗爛臭的髒物又有何區別？

◆**陸雲士3評點**：集人面者，非蠅而蠅；嘬人膚者，非蚊而蚊。明知其為人也，而集之、嘬之，更不知其以人為何物？

群集在人臉上的，是那本不該是蒼蠅的蒼蠅；叮咬人皮膚的，是那本不該是蚊蟲的蚊蟲。明知道是人，卻聚集到人身上加以叮咬，真不知道牠把人當成什麼東西了？

時，對於蒼蠅蚊蟲來說，牠們不知是如何看待眼前人類的？是食物？還是是不同於自己的另一種生物？這個問題，大概只有蒼蠅蚊蟲自身才會知道了。這則小品文不禁讓人聯想到「莊周夢為蝴蝶，莊周之幸也；蝴蝶夢為莊周，蝴蝶之不幸也」（《幽夢影》第廿一則），張潮的想像力與聯想力是多麼豐富有趣，或許在他看來，人類不一定是萬物之靈，人類不過是萬物之一，是以不必然比蒼蠅蚊蟲蝴蝶更高等？

蒼蠅蚊蟲對人類來說是害蟲，蒼蠅會在髒臭腐敗的東西附近亂飛、亂停而四散病菌，蚊蟲叮咬人則相當惱人，且除了吸血之外，也會傳播病菌，因此被人類列爲不得不殺的害蟲。然而就蚊子來說，只有母蚊子才會咬人，牠交配之後，爲了攝取足夠孕育下一代的蛋白質，因此叮咬人、吸人的血。是以，我們若從一個母親的心情來了解蚊子，那麼牠們叮咬人的行爲似乎也就沒有那麼罪大惡極了；而蒼蠅亂飛亂停，也只是爲了尋找食物；蒼蠅蚊蟲近身於人類，不過是出於生存的目的罷了。

正如尤悔菴針對本則的評點「就我自己觀點來看，我們是人；但從蒼蠅蚊蟲的角度來看，我們和腐敗爛臭的髒物又有何區別」所說，人類總覺得自己是萬物之靈，可是在其他生物眼中自有定位，蒼蠅很可能覺得眼前這塊大肉不過是腐臭的髒物，然而我們還鎮日爲了這身皮囊奔忙，想要滿足它、餵養它，想來眞是諷刺。足見，時不時換個角度看人類、看自己，也許能帶來很不一樣的棒喝與省思。

有山林隱逸之樂而不知享者

有山林隱逸之樂而不知享者，漁樵也，農圃1也，緇黃2也；有園亭姬妾之樂而不能享、不善享者，富商也，大僚3也。

1農圃：農民之意。農，種植五穀雜糧者。圃，種植蔬菜果木者。
2緇黃：僧人穿黑衣，道士戴黃冠，故以緇黃為僧人與道士的代稱。緇，讀作「資」，黑色。
3大僚：大官。
4弟木山：張潮的弟弟張漸，字木山，曾參與《昭代叢書》的編纂工作。
5庖人：廚師，或宮中掌管膳食的官員。庖，讀作「袍」，指廚房。
6牙籤玉軸：指精美的書籍畫卷。牙，象牙。玉，美玉。

白話翻譯

漁夫、樵夫、農夫、僧道，是擁有山林隱居之樂卻不懂得享受的人；擁有園林亭閣、嬌妻美妾的快樂卻不能夠享受、不善於享受的，是富有的商人，還有做大官的人。

◆**弟木山4評點**：有山珍海錯而不能享者，庖人5也；有牙籤玉軸6而不能讀者，蠹魚也，書賈也。

坐擁山珍海味卻不能享用的人，是廚師；擁有精美書籍畫卷卻不能閱讀的人，是蛀蟲和書商。

賞析

能夠享受山林隱居樂趣的人，是有閒暇的遊客，這樣的人不需要爲了生活奔忙，且小有資產，所以能寄情於山水之間，享受遠離世俗喧囂的樂趣。張潮口中所謂不懂得享受山林隱居樂趣的人，是指那些所從事的職業、所過的日子與山林湖泊有關的人，但爲了三餐或生活忙碌，即便日日與山林爲伍，也沒有閒情逸致欣賞山林之美，更無暇享受隱逸的優閒生活；這類人諸如在河川與湖泊捕魚的漁夫，在山上砍柴的樵夫，在田裡種田的農夫，以及住在山林寺廟道觀的僧人和道士。僧道雖然不像世俗之人得爲了三餐奔忙，但他們忙於修煉、養性，以求解脫生死輪迴，所以即便大部分的寺廟道觀都蓋在山上，他們也沒有那份欣賞美景的閒情。

至於富商和大官，他們雖然擁有美輪美奐的亭臺樓閣與嬌妻美妾，可大部分的時間都花在追名逐利與官場鬥爭上，很難得有時間可以到園林中閒逛遊玩，也沒有太多時間陪伴嬌妻美妾。而有閒暇能享受這些設施與美人的人，卻未必有雄厚的經濟能力能支撐這樣的生活情調，是以人生時常不如人意。

黎舉云

黎舉[1]云：「欲令梅聘海棠，棖子[2]（想是橙）臣櫻桃，以芥嫁笋[3]，但時不同耳。」予謂物各有偶，儗必於倫[4]，今之嫁娶，殊覺未當。如梅之為物，品最清高；棠之為物，姿極妖豔。即使同時，亦不可為夫婦。不若梅聘梨花，海棠嫁杏，櫞臣佛手[5]，荔枝臣櫻桃，秋海棠嫁雁來紅，庶幾相稱耳。至若以芥嫁笋，笋如有知，必受河東獅子[6]之累矣。

1 黎舉：生平不詳。

2 棖子：讀作「成」，即橙子。臣：役使，行主人之權。

3 以芥嫁笋：把芥菜嫁給竹筍。笋，同今「筍」字，是筍的異體字。

4 儗必於倫：把兩件事物匹配在一起，前提是這兩者必須是同類。儗，讀作「你」，比擬，通「擬」。

5 櫞：即枸櫞（讀作「舉元」），常綠小喬木，樹上有短刺，原產於印度，宜於觀賞。果實呈圓形或橢圓形，黃色，果肉味道酸苦，常在浸漬砂糖後食用；果實具有香氣，故也稱「香櫞」。其皮、花、葉子可入藥，或提煉成芳香油。

佛手：櫞的變種，果實前端分裂為手指形狀，故也稱「佛手柑」，可用做食品原料，更常用以入藥。果皮、花亦可被提煉做為芳香油。

6 河東獅子：即河東獅子吼，比喻兇悍妻子對丈夫的怒罵聲。此為蘇東坡對友人陳季常悍妻柳氏的詼諧形容（「忽聞河東獅子吼，拄杖落手心茫然」，出自〈寄吳德仁兼簡陳季常〉詩）。柳姓是河東的名門大族，蘇東坡便以此代指柳氏。獅子吼，原指佛祖講經震響八方，而陳季常喜談佛，蘇東坡於是將這兩者相連結戲稱之。

7 弟木山：張潮的弟弟張漸，字木山，曾參與《昭代叢書》的編纂工作。

8 石天外：本名石龐（一六七一年至一七〇三年），字天外，號晦村學人，又號天外生。清代太湖（今屬安徽）人。在文學上頗有造詣，尤長於戲曲，著有傳奇《因緣夢》、《後西廂》等等。

9 蹇修：據傳是伏羲氏的臣子，掌理婚姻、媒妁之事。後用以代稱媒人。蹇，讀作「簡」。

白話翻譯

黎舉說過：「想讓梅花聘娶海棠，讓櫻桃臣服於棖子（大概是橙子），把芥菜嫁給竹筍，可是又礙於它們生長時節不同。」我說，萬事萬物都有可與自己匹配的東西，但前提是兩者必須爲同類。現在的嫁娶安排，我覺得並不恰當。像是梅花這樣的花，品格最爲清高；海棠這種花，儀態姿容最是妖豔；即便這兩種花在相同季節綻放，也不可將它們匹配做爲夫婦。不如讓梅花聘娶梨花，海棠嫁給杏花，佛手臣服於香櫞，櫻桃臣服於荔枝，秋海棠嫁給雁來紅，這樣大抵門當戶對了。至於說到把芥菜嫁給竹筍，竹筍如果有知覺，一定會覺得自己蒙受悍妻之禍。

◆**弟木山**7**評點**：余嘗以芍藥為牡丹后，因作賀表一通。兄曾云：「但恐芍藥未必肯耳！」

我曾經讓芍藥做牡丹的皇后，由此寫了一通賀表，吾兄則說了：「可恐怕芍藥未必願意啊。」

◆**石天外**8**評點**：花神有知，當以花果數升謝蹇修9矣。

花神如若有所知覺，應該會置辦數升花果，好感謝媒人。

賞析

植物之間當然不可能談婚論嫁，這則小品文純屬張潮的奇思妙想。張潮認爲，倘若植物之間也能嫁娶，那麼必定得講求「門當戶對」才行，也就是，把兩種植物匹配在一起的前提，必須是兩者的特質相同。黎舉想讓梅花娶海棠，張潮認爲很不恰當，理由是——梅花品格高潔，是花中之君子；而海棠妖豔貌美，不夠端莊穩重，這兩者性情品格落差太大，不能相提並論。因此，比較合適的安排會是——把外表妖豔的海棠匹配給風姿綽約的杏花，品格高潔的梅花和花色潔白的梨花匹配，這樣才算得上是同類相配。而若談到竹子，竹子是君子的象徵，竹筍則是竹子地下莖所生長出的嫩芽，倘若把芥菜如此粗俗鄙陋的植物嫁給竹筍，這樣的匹配無異於把一個鄙俗的婦人嫁給一個謙謙君子，對於竹筍來說，當然無法忍受市井婦人的粗野性格。

這種在植物身上賦予人類性格、文化價值的做法，不啻爲一種充滿意趣的擬人化表現手法。張潮將無知無覺的植物想像成有情感、有知覺的人，與其說是評論植物，倒不如說是藉著植物來評論人。無論是嫁娶婚配還是交朋友，都講究物以類聚，相同氣質性格的人在一起才能相得益彰，否則就是一場災難，最終可能會落得不歡而散的下場。

五色有太過

五色1有太過，有不及，惟黑與白無太過。

1五色：古人將青、黃、紅、白、黑這五個顏色視為正色，此處泛指各種顏色。

2杜茶村：本名杜濬（一六一一年至一六八七年，濬讀作「俊」），字於皇，號茶村，清初湖廣黃岡（今屬湖北）人。明末諸生，滿清入關後沒有做官，長年居住於江寧（於今江蘇南京境內），逝於揚州。詩文皆擅，詩名更盛（學習杜甫詩風），著作盡皆散佚，僅存《變雅堂遺集》。

3尤悔菴：其人介紹請見本書〈編者導讀〉文章。

白話翻譯

各種繽紛多彩的顏色，不是太淺就是太深，只有黑和白濃淡適中。

◆**杜茶村**2**評點**：君獨不聞唐有李太白乎？

張先生難道沒聽說過，唐朝有個李太白嗎？

◆**尤悔菴**3**評點**：知此道者，其惟弈乎？老子曰：「知其白，守其黑。」

明白這種道理的只有下圍棋之人吧？老子說：「知其白，守其黑。」

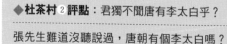

賞析

《老子．十二章》說「五色令人目盲」，其所說的五色並沒有特定所指的顏色，意思是，顏色太多太繁雜，令人炫目，會引誘人向外追求那些看似光亮璀璨的東西，實則會將我們的生命牽引出去，迷失在光耀奪目的追求之中。張潮這裡說的五色指的應該是青、黃、紅、白、黑，他認爲除了白與黑之外，其餘都過猶不及，不是太濃就是太淡；而這如同爲人處世，凡事做得太過分容易傷了人與人之間的和睦，若是不足又容易被人詬病，所以分寸要拿捏得恰到好處才行。

張潮還認爲，只有黑與白沒有太淺或太濃的問題，這應當可以參照《老子．二八章》：「知其白，守其黑，為天下式。」這句話的原意是，想要顯現白的一面，就要守住黑的那一面，才能成爲天下的法式。世俗觀點認爲，白的是好的，黑的則代表不好的，《老子》卻認爲要把天底下的汙垢都給承擔了，才能夠顯現出好的那一面來，就如同一國之君，能夠承擔天下人對他的唾罵，替天下人解決問題，才能夠成爲眞正的一國之君，享受一國之君的榮耀。

若從這個角度來理解張潮所說的「惟黑與白無太過」，或可理解成——爲人處世，要享受別人給予我們的喝采之前，首先要能承擔恥辱與痛苦，唯有如此，才能將「白」的一面顯現出來，而黑與白，正代表了事物一體的兩面。

許氏《說文》分部

許氏《說文》1分部，有止有其部而無所屬之字者，下必註云：「凡某之屬，皆从2某。」贅句殊覺可笑，何不省此一句乎？

1許氏《說文》：東漢許慎所撰的《說文解字》（約成書於西元一〇〇年至一二一年），這是中國第一部有系統分析字形及考究辨別文字起源的書，共收九千三百五十三字。按照字形及偏旁構造，列出了五百四十部。字體以小篆為主。須留意的是，歷代都有學者研究《說文解字》，其中又以清代風氣最盛。在做註解的部分，又以段玉裁的《說文解字注》，還有桂馥、朱駿聲、王筠三位的作品最為精到廣博，他們被尊稱為「說文四大家」。

2从：是「從」的異體字，為附屬、依從之意。

3譚公子：生平不詳。

4獨民縣：指有個縣裡頭只有一名百姓。明末清初文學家馮夢龍曾針對當時民間的時調小曲《掛枝兒》加以輯評，共十卷，在《掛枝兒．謔部．山人》裡提到了這麼一個獨民縣笑話。

5王司直：本名王臬（臬讀作「孽」），字司直，清代秀水（今浙江嘉興）人，擅長詩畫，曾與手足王概、王蓍（蓍讀作「詩」）合編《芥子園畫譜》。

◆**譚公子**3**評點**：此獨民縣4到任告示耳。

這是獨民縣縣令的上任公告。

◆**王司直**5**評點**：此亦古史之遺。

這也是古代歷史的遺跡。

白話翻譯

在許慎《說文解字》所劃分的部首中，有的只有部首那個字，其底下並沒有所屬的字，可下面仍必定註解道：「凡屬於某部首的字，皆從某。」這種多餘的句子讀來令人感到很好笑，爲何不乾脆省略這句話呢？

賞析

許慎在《說文解字》裡說：「凡某之屬，皆从某。」這句話的意思是，凡是由這個部首所構成的字，都必然包含了以這個部首做爲字形的構成要件。例如：「『一』部，『一』下說：『凡一之屬皆从一。』」「『木』部，『木』下說：『凡木之屬皆从木。』」而這正是《說文解字》的撰寫體例。

雖偶有張潮所說「只有部首、而無從屬於這個部首的字」的情形，然而按照字形發展來看，後世或許會有某部首的字陸續出現也未可知（須知，許慎是位活在西元一世紀、二世紀的東漢人），且既然這是《說文解字》的撰寫體例，便不能因爲該部首底下沒有所從屬的字，就省略這一句話，否則整部書就會顯得毫無章法可言，因此，以《說文解字》的觀點來看，這句話並不能算是多餘。

（《幽夢影》未完，待續）

國家圖書館出版品預行編目資料

幽夢影二：夢懷心齋 / (清) 張潮原著，曾珮琦編註
—— 初版 —— 臺中市：好讀，2021.10
面： 公分，——（圖說經典；41）
ISBN 978-986-178-559-2（平裝）
072.7 110012767

好讀出版

圖說經典 41

幽夢影二：夢懷心齋

填寫線上讀者回函
請掃描 QRCODE

原　　著／張潮
編　　註／曾珮琦
總 編 輯／鄧茵茵
文字編輯／簡綺淇
行銷企劃／劉恩綺
美術編輯／許志忠

發行所／好讀出版有限公司
台中市407西屯區工業30路1號
台中市407西屯區大有街13號(編輯部)
TEL:04-23157795　FAX:04-23144188
http://howdo.morningstar.com.tw
(如對本書編輯或內容有意見，請來電或上網告訴我們)
法律顧問／陳思成律師

讀者服務專線 TEL: 02-23672044 / 04-23595819#230
讀者傳真專線 FAX: 02-23635741 / 04-23595493
讀者專用信箱 service@morningstar.com.tw
網路書店 http://www.morningstar.com.tw
郵政劃撥 15060393(戶名：知己圖書股份有限公司)

印刷／上好印刷股份有限公司
初版／西元2021年10月1日
定價／300元
如有破損或裝訂錯誤，請寄回台中市407工業區30路1號更換(好讀倉儲部收)

Published by How-Do Publishing Co., Ltd.
2021 Printed in Taiwan.

ISBN 978-986-178-559-2